L'homme nu : La dictature invisible du numérique

裸人

數位新獨裁的世紀密謀，你選擇自甘為奴，還是突圍而出？

著＝
馬克・莒甘 Marc Dugain
克里斯多夫・拉貝 Christophe Labbé

譯＝翁德明

目錄

導論

不管哪一種類型的「資料」（données）[1]，其蒐集與處理都將影響未來的世紀。在人類歷史上，我們從未掌握過如此多的訊息。這種革命性的局面只有二十世紀初石油在能源領域中引起的變化可以比擬。

此一數位革命不僅塑造我們的生活型態，讓我們掌握更多訊息，讓我們與外界的連結更加迅速，它還將我們導入一種順服的、自甘屈從的、透明的狀態，而且終將造成我們不再享有私人生活，造成我們不可逆轉地放棄自己的自由。在這美妙遠景的背

1 指未經過處理的原始記錄。一般而言，資料缺乏組織及分類，無法明確表達事物代表的意義。

後，在這無可置疑的魅力背後，此番數位革命卻導致個人日後必須裸裎度日，而因之獲益的唯有一小撮大多為美國籍的跨國公司，也就是名聲響叮噹的「大數據公司」（Big Data）[2]。這些公司想要徹底改變我們身處的社會，令我們從此落入依賴的狀態。

故事要從一九八〇年代中期美軍的實驗室說起。那時，他們發展出一套堅不可摧、四通八達且如今已覆蓋全球的聯絡系統。現在，這張被行動電話無限制擴大開來的數位網，已經從根本上改變了我們和他人的關係。

我們生活中的每分每秒都不停地在產出訊息，範圍涵蓋我們的健康、心理狀態、計畫以及活動，總之，我們就是一直發送資料。如今，這種產出將被儲存能力和運算處理能力都很龐大的電腦加以蒐集、處理並建立關聯。大數據公司的目標明確鎖定於讓世人擺脫一切不可預知的因素，消滅一切風險。直到不久以前，針對大量人口採樣進行統計學與或然率的推論時，仍然多少留有主觀詮釋的空間。時至大數據革命的時代，碰運氣的推論將會逐漸消失，取而代之的則是從個人資料（百分之九十五的上網人口都將同意讓出）製造出的數位真相。再過數年，等到統合的工作更加全面後，我們將可能知道每一件事情的方方面面。不久之後，被連結的科技將和汽車裡的中控電腦一樣，可以持續不斷監測人體，因此，幾乎所有心肌梗塞和腦溢血的危機將可搶先在發作前預先測知。同樣地，我們也將藉由密切觀察網民的反應而偵測出症狀，然後再由這些症狀十拿九穩預言傳染病的流行。無庸置疑，對未來更美好生活的憧憬，將令我們在私生活上做的犧牲顯得較堪忍受。在大數據的影響下，進展最迅速的領域必屬醫療保健。不過，數位資料的革命絕不只觸及這個部分而已。凡是和人類相關的一切都涵蓋在其中。如能摸透人類的一切，我們就能做出最大膽、最不可思議的統合。如今，人類以及機器產出的訊息已有百分之九十五可供利用，因此，我們已無必要再

2　大數據指的是傳統資料處理應用軟體已不足以處理之大量或複雜的資料集。在總資料量相同的情況下，若與個別分析獨立的小型資料集（Data set）相比，將各個小型資料集合併後進行分析，可得出許多額外的資訊和資料關聯性，可用來推測商業趨勢、判定研究品質、避免疾病擴散、打擊犯罪或掌握即時交通路況等。大數據的特色為：資料量龐「大」（Volume）、變化飛「快」（Velocity）、種類繁「雜」（Variety），以及真偽存「疑」（Veracity）。尤其在目前資訊大爆炸的時代中，這些資料變得又多、又快、又雜、又真偽難分。

拿具有代表性的樣本加以估計，而是從全面性的認知進行推論。只要與外界一連結，就能強化資料的蒐集。網路查詢、電話、手表、攝錄影機以及各式各樣能連結到外部的設備，都設計來讓每一個人產出最大量的資料。這種經常可以大量無償取得的資料，促成了一個龐大商機的誕生。企業彼此交換有關顧客消費習慣、衛星導航數據、社會網絡中的人際關係等等資料……最大的數據經紀人、最大的數位資料掮客當然非美國的「安客誠」（Acxiom）[3]莫屬了。單單這家公司便握有世界上七億公民的詳盡訊息。由於它徹底認識我們以及我們的環境，因此前景難以估量。

此一進展儘管令人驚奇，但始終有其不利的一面。石油將我們推向現代的道路，然而，使用了這種化石原料一個半世紀後，我們才深刻體會到其副作用對環境所造成的災難。這種原料長期被公認為有百利而無一害的資源，可是如今卻威脅地球基本的平衡，因此就危及人類的繁榮。原子也是一樣，因為它雖然為能源以及醫療保健帶來革命性的變化，但同時也令我們暴露在徹底毀滅的危險中。

巨量資料必然將令我們的科學知識突飛猛進，這是人類史上前所未見的事。「超人類主義」（Transhumanisme）[4]這一個由大數據公司出錢推波助瀾的思潮，已讓我們看見「強化人」（Homme augmenté）[5]的美好遠景。在未來的一至二世紀中將很有可能

3 創立於一九六九年、總部設於美國阿肯色州小岩城的數據、分析和軟體服務公司。該公司資料仲介的目的即在針對我們和我們的生活，提供稱為「行為定向」（behavioral targeting）、「預測定向」（predictive targeting）或是「優質專利行為洞察」（premium proprietary behavioral insights）的資訊。廣告主、行銷商和其他公司需要用我們的資料來做各種判斷，而這些資料仲介手中關於我們的資料又極度精確，所以可以賣到很高的價錢。舉例來說，如果把幫寶適的廣告拿給十九歲的男大學生看，這筆預算很可能就是浪費，但同樣的廣告拿給三十二歲的孕婦看，就可能會帶來幾百美元的銷售額。資料仲介商為了把他們蒐集到的資料價值提到最高，就會把我們不斷再分成越來越細的群體或分類。

4 超人類主義有時也被稱為「超人文主義」或「超人主義」，如今是一個國際性的文化智力運動，支持使用科學技術來增強人類的精神、體力、能力和資質，並用來克服人類不需要或不必要的缺點，例如殘疾、疾病、痛苦、老化。

5 人類強化是指那些希望通過自然或人工的手段，暫時或永久克服現在人體局限的嘗試。這個概念有時適用於使用技術手段來選擇或改變人類的素質和能力，而不管這些改變是否超越現在人類的極限。目前的爭議點是：這種技術是否可用於非治療的目的。有些倫理學家將該術語限定為：為了非治療目的，在人類生物學上使用特定的技術（包括神經學、基因治療以及奈米技術）。

從針對單一個體蒐集到的幾十億筆資料出發，將他徹底重新改造。谷歌公司由於掌握了我們健康狀況的相關訊息，已經野心勃勃準備要向死神下戰帖！由於受到「機器將拯救人類」理念之鼓舞，大數據公司於是做起人類可以長生不老的夢，期盼有朝一日能戰勝人類與生俱來的劫數。

數位革命讓我們看到了未來生活更美好的遠景，但我們也不該忽視它所隱藏的驚人代價。一旦與巨量資料全面連結，個體將赤裸裸地活在那些不斷挖掘他資料的人的視線裡。在一生的過程中，我們的私密生活、我們的習慣、我們的行為模式、我們的消費習性、心理狀態以及意識型態，將全部被載入我們每個人個別的檔案裡。公司會向未婚夫妻推銷他們另一半的完整檔案，這種事情是指日可待的。如此一來，別人便可將他們的底細摸得一清二楚，包括他們消費和花錢的習慣、酒精飲品的消耗量、實際的性取向、基因、罹患癌症或是精神官能症的風險。因對每個人的認識將是全面而且深入，以至於他人可以預測我們的行為，包括會犯哪些最不見容於社會的過錯。監測全民將成常規。除非你甘心淪為社會新一類的邊緣人，否則很難逃得過這一關。當社會把健康、長壽、安全當作藉口，務求全民都透明化，那麼「裸人」將很難有足夠的力量抗拒它。

大數據控制了個人便等於掌握無限多的機會，而情報機構很快便看清了這一點。在安全議題已然成為政治核心議題的今天，在恐怖主義被認定為世人生活中主要威脅的今天，數位工業立即開始受到各大情報機構的監視。因為巨量資料市場乃是一種高度集中在谷歌、蘋果、微軟、亞馬遜等少數企業手中的經濟部門，所以上述的監督工作便更形容易了。如今，我們不管打電話、寫電子郵件、上網瀏覽資料、開車用衛星導航或是從監視器前面走過，都別想躲過情報機構的監視。

歐威爾在《一九八四》中所預告的獨裁，乃是根據已知暴政犯下的一連串蠻橫罪行而發想的。大數據的世界會遠遠以更巧妙、更令人不痛不癢的方式掌控個體。累積那麼多資料的目的無非就是想補充商用資料庫的不足，而當被連結的某甲成為可疑人物之時，情報機構便隨心所欲在那些資料庫裡挖掘他的底細。將來極有可能出現這樣的事：送上死者骨灰罈的時候，會順便推銷他生前累積起來的全部數位資料，裡面雜七雜八記錄他的人生軌跡，其中包括他的醫療檔案、情緒狀況、消費習慣、性取向以及知性方面的偏好。

二十世紀初以來，科技在我們生活中已是無所不在，但我們對它的了解卻不足夠，而且這情況越來越嚴重。大眾被遠遠排拒在浮現出來的關鍵點之外。他們所知甚少，那是因為業者不願意消息透明化，唯有如此方能大賺其錢。目前，巨量資料的效益已然遮蔽了此一人類歷史上的重大改變，人類心甘情願地接受訊息系統的奴役。

大數據公司已經不遺餘力宣傳數位革命的好處，因此這裡無庸贅述。本書不會著墨數位革命所帶來的正面影響，而只探討它對世人個體自由、私生活與隱私權所施加的險惡威脅，同時也將廣泛探討它對民主制度所造成的衝擊。雖然被法西斯主義和共產主義侵擾過的人千千萬萬，但是他們並未因此改變或者心思被人一覽無遺。裸人受的桎梏不致立即引起痛苦，但在本世紀結束前，不管在知性生活上或經濟生活上，他都將完全仰賴大數據這系統。而這系統將會逐漸訂出交換規則：人均壽命拉長，世人為了確保自己健康情況以及物質生活的安全，直接就拿自由作為交換代價。這是已經控制全球的大數據企業那馬基維利式[6]的勝利，其過程沒有約束亦無明顯的暴力，這也是下面我們所要探討的。

6 馬基維利（Machiavelli, 1469-1527），十五—十六世紀文藝復興時期義大利著名政治思想家，在西方政治思想史上占有重要地位。馬氏主要理論是「政治無道德」的政治權術思想。其著作包含了一系列對於獲取和掌握政府權力的建議。

第一章

恐怖主義與大數據……

「然而，此一獨裁暴君你不需要與他鬥爭，
甚至也不需要自我防禦，只要國民拒受奴役，
暴君即會垮台，倒不需真的奪走他的什麼，
只需不給任何東西即畢其功。」

艾蒂安・德・拉・波埃西（Étienne de la Boétie）

《論自甘為奴》

二〇〇一年九月十一日紐約世貿中心雙子星大樓的恐攻事件，將人類推入了全面監視的年代。小布希主政的美國在本土受到攻擊，而且事前渾然不知，由於傷亡慘重而且極度惱火，事後他們建置完成了針對全球的監聽系統，而最高興的當屬電子監測設備的相關產業了。然而，這張後九一一的數位防護網卻無法阻止新的恐攻事件，因為二〇一三年四月該國發生波士頓馬拉松爆炸案、二〇一五年十二月發生聖貝納迪諾槍擊案。單單在後面這起事件中，那對夫妻檔兇手就為伊斯蘭國屠殺了十四個人。此外，二〇〇九年十一月也有一名思想激進的軍醫在德州的一處基地槍殺了十三名同胞[1]。美國為了確保國內公共安全耗費鉅資，但仍無法根除恐攻事件，何況在公民社會的施壓之下，美國政府也不得不放鬆這面防護網的某些部分。

1 二〇〇九年十一月五日在美國德州陸軍胡德堡基地（Fort Hood）發生了一起嚴重的槍擊案。兇手哈桑（Hasan）是一名美國陸軍少校及精神科醫師，在該案中槍殺了十三人並造成三十多人受傷。這是在美國軍事基地所發生過最嚴重的槍擊案。雖然很多人都稱此事件為恐怖攻擊，但美國國防部和聯邦執法機構已將其歸類為一起職場暴力事件。

歐洲則反其道而行。它認為由美國國家安全局所布下的全面監測網是值得效法的榜樣，是種能有效防範恐怖攻擊的方法，儘管因此對美國維安保全事業集團依賴日深也在所不惜。法國《查理週刊》以及二〇一五年十一月十三日的恐怖攻擊[2]造成巴黎腥風血雨，同時也強化了上述的信念。我們將科技監測看做一支魔法棒，而不是把它當成一種可資利用的武器。法國的情報機構在十七年間成功破獲了所有在本國境內策劃的恐攻案。直到二〇一二年，穆罕默德·梅哈（Mohamed Merah）在蒙托邦殂殺數名軍人，又在土魯斯的猶太學校奪走幾條學童性命，該項記錄才被打破。尼可拉·薩科吉總統在二〇〇八年進行的國內情報系統改革可說破功了。該年，結合普通情報局（Renseignements Généraux，簡稱RG）與反間諜（contre-espionnage）業務的新機構「國內情報總局」（Direction centrale du renseignement intérieur）[3]成立（後改稱「對內安全總局」〔Direction générale de la sécurité intérieure〕[4]）了。在該領域專家的眼裡，將上述兩種業務強行送作堆的結果對於「社區情報」（renseignement de proximité）業務造成嚴重打擊，因為早年獨立運作、負責「社區情報」業務的普通情報局已建置了可觀的國內通報網絡。從二〇一二年三月梅哈採取行動到二〇一五年十一月十三日的事件（一百三十人死亡、三百多人受傷，是法國本土傷亡最慘重的恐攻案），法國總計遭遇了四次其他的恐怖攻擊：二〇一四年十二月茹埃—雷—杜爾（Joué-lès-Tours）鎮的警察局襲擊案；二〇一五年一月《查理週刊》以及卡雪超市（Hyper Cacher）的喋血案；同年六月發生在里昂地區塞維索（Seveso）公司工廠的恐攻案；同年八月發生在大力士（Thalys）高速列車上的槍擊案。另外，還要加上同年一樁密謀攻擊教堂的計畫。該次計畫未能成功，單純因為那個負責執行的聖戰士手腳不夠俐落，他槍殺

2 二〇一五年十一月十三日與十四日凌晨發生於法國巴黎及其北郊聖丹尼的連續恐怖襲擊事件。襲擊事件共造成來自二十六個國家的一百三十人遇難，其中巴塔克蘭（Bataclan）劇院的觀眾被恐怖分子挾持為人質即造成八十九人死亡。恐怖組織伊斯蘭國宣布對此事件負責，並稱這是為了報復法國在敘利亞和伊拉克對伊斯蘭國目標的空襲。

3 縮寫為DCRI，是法國二〇〇八年成立的新單位。

4 縮寫為DGSI，是法國主要的對內情報機構。它承擔的主要任務有反間諜、反外國勢力干涉、反恐、保護國內財產和經濟安全、監視透過暴力顛覆國家的各種危險行為等。對內安全總局與對外安全總局是目前法國政府最主要的情報機構。

一位汽車駕駛之後卻不小心射傷自己的腿。同樣地，十一月十三日恐攻過後五天，警方得以在聖德尼擊斃準備再度犯案的事件主謀阿布戴哈米德．阿巴烏德（Abdelhamid Abaaoud），原因是仰賴了傳統的人工情報（renseignement humain）以及湊巧監聽到一件本來十分平常的毒品交易案……後來，負責該恐怖集團後勤工作的撒拉．阿布戴斯拉姆（Salah Abdeslam）能在比利時落網，靠的也是一位線民提供的祕密情報。

儘管如此，在歐蘭德總統任職期間，國家機器依然固執地強化以電子監測取代人工情報以及滲透恐怖組織的作法。每一次新策略的失敗反而再度成為擴大電子監測網以及收密網孔的論據（甚至是藉口），卻從不真正關心成效如何。打個比方：大家只關心漁獲量，而不在意漁獲品質。情報單位其實事先幾乎都認識在法國境內犯案的恐怖分子，因為他們都是「國安檔案」（fiche S）上列管的人物。由於大幅削弱了人工情報的重要性，我們的情報機構才無法辨別那六十幾個應該優先鎖定的目標，以便將資源集中在他們身上。曾任美國國安局幹員的威廉．比內（William Binney）指出：「如果你的目標鎖定在找出犯罪案底的人，那麼掌握全世界每個人的大批資料的確能幫助你找到他們，可是，如果你只想搶在恐怖攻擊發生前加以阻止，這可就用錯方法了。」[1]接著他又補充說明：「根本之道在於以理性的方法分析資料，並且集中分析特定的可疑地區以及特定的可疑人物，分析已熟知的恐怖分子。」

美國將數位業的巨擘拉進了反恐行動之中，此舉特別讓它自己獲得一張王牌，亦即掌握了「情報圈」（infosphère）的關鍵性勝算。說來矛盾，大數據的業者雖是無心，但其所作所為卻助長了伊斯蘭激進主義的氣焰。危及我們社會安全的，與其說是恐怖分子造成的死亡人數，還不如說是網路傳媒大肆報導所引發的結果。因此，大數據公司不知不覺之中已在西方世界內部激起了這波撕裂社會的衝擊。我們民主社會對四處蔓延的暴力逆來順受，而暴力所釀成的真正屠殺卻未對輿論造成椎心之痛。二〇〇一到二〇一三年發生在美國本土的恐攻案總共奪走三千條人命，然而同一期間，命喪槍下的亡魂則高達四萬。

伊斯蘭國比起蓋達組織更會利用網路。網路的社交平台讓他們有機會將那一套要命的意識型態向全球廣為散播。由外號歐瑪．歐姆森（Omar Omsen）的歐瑪．狄亞比（Omar Diaby）（直到二〇一五年八月斃命為止，這個塞內加爾裔的法國人，始終被視為法國聖戰士中負責招納訓練新血的頭號人物）製作的那一系列宣傳影片，在臉書上一再被轉載，因此估計已在網路上被觀覽了數十萬次。假設沒有那些社交平台，伊斯蘭國即不可能在世界各地吸收並訓練數以千計的戰士，也不可能利用網路的催眠力量，將世界上對自己前途感到茫然的年輕人吸引到西方去，而且不僅透過我們在下文將談到的「暗網」（Darknet）[5]這種管道而已。如今在法國觀覽聖戰士網站公開處決俘虜的畫面乃屬不法行為。谷歌以及臉書儘管都曾正式宣布自己的立場，但實際上卻不樂意扮演審查者的角色。這些大數據公司一方面是聖戰組織搞宣傳的首選媒介，另一方面它們同時聲稱自己為國家的情報機構蒐集到巨量資訊，也就等於提供了解藥。這就是生意經術語中所謂的「雙贏」。

5 通稱只能用特殊軟體、特殊授權，或對電腦做特殊設定才能連上的網路，使用一般的瀏覽器和搜尋引擎找不到暗網的內容。暗網的伺服器位址和資料傳輸通常是匿名、匿蹤的。與此相對，一般常用的網際網路由於可追蹤其真實地理位置和通訊進行人的身分而被稱為「明網」（Clearnet）。

第二章

大數據的世界

「中國人認為今天美國已不能算是世界的支配者，

只有谷歌才稱得上明日強權。」

沙勒─艾杜阿・布埃（Charles-Édouard Bouée）

侯朗・貝賀傑策略顧問公司（Roland Berger Strategy Consultants）總裁

二〇一四年九月

二〇一四年初，哈瓦斯集團的老闆亞尼克・博洛黑（Yannick Bolloré）飛到舊金山去見谷歌的領導階層。幾個月後，面對滿堂齊聚巴黎出席一場大數據研討會❷的企業主時，這位法國籍的富豪向大家如此描述他的美國之行：「飛機降落之後，我打開手機便收到一封簡訊。它告訴我，在我住的旅館附近有一家日本餐館正在推鮭魚壽司八五折的活動。我感到很詫異，因為那正巧是我數一數二愛吃的食物。隔天我正好到谷歌位於山景城（Mountain View）的總部去，順便將這件小趣事說給人家聽，並且高聲自問：『那則廣告到底是誰寄給我的？』誰料谷歌的人竟回答我：『是我們呀！您一下飛機，我們就找到您的定位了。我們同時監測您的行事曆、電子郵件，知道您下榻哪家旅館還有您喜歡吃鮭魚壽司，所以我們就即時為您寄去您旅館附近某家餐廳的廣告。您看，我們做的一切是不是很了不起呢？』我回答道：『可是各位怎麼看待別人的私生活呢？』對方接話：『噢，對！歐洲人很在意這個層面。』我心裡想：『最好停止這些玩意兒，應該依循傳統智慧的道路前進才是。』」

每一分鐘，全球大約傳送三十萬則推特、一千五百萬則簡訊、兩億零四百萬封電子郵件，此外約有兩百萬個關鍵字被輸進谷歌的搜索引擎裡……行動電話以及其他的智慧型手機就像無數條觸手，而大數據的章魚便透過這些觸手回收我們的個人資料。傳媒、電話、銀行、能源、汽車、醫療保健、保險……，沒有任何領域逃得過這種抽取動作，而最重要的訊息都是網友自己提供的：我們買什麼或想買什麼、我們消費什麼、我們每天做些什麼、我們的健康情況、我們的開車方式、我們的情愛行為以及性行為、我們的意見，一切都受檢視。二〇一〇年以來，人類兩天內所產出的訊息量竟比文字發明以來這五千三百年加總起來的訊息量更多。如今，這些訊息有百分之九十八的量是以數位方式記載下來的。我們真正見識到整個世界被資料化了。什麼東西都在裡面：家庭照、音樂、大師畫作、說明書、行政檔案、影片、詩歌、小說、食譜……資料化的結果讓人生最微小的細節都能觀察得到。

雖然百分之七十的資料係由被連結的個體直接產出，但將其加以開發利用的還是私人企業。因此，今天蘋果、微軟、谷歌、臉書等企業便握有人類個人數位資料的百分之八十。這條礦脈便是新的黑金。單在美國一地，大數據（big data 這個術語遲至二〇〇八年才收進字典）的營業額即高達八十九億美元。它的成長率高達每年百分之四十，二〇一六年估計超過二百四十億美元。

Gafa（亦即谷歌〔Google〕、蘋果〔Apple〕、臉書〔Facebook〕、亞馬遜〔Amazon〕等英文字首字母的合寫字）企業在短短的十年間便成功征服了整個數位世界。這幾間大家口中的「第七大陸公司」乃是美國超強國力再一次的體現。為了坐穩世界經濟霸權的大位，美國首先讓自己的利益和石油工業掛鉤，或是支持國外的政變（巴拿馬……），或是以資金與補給支持游擊隊的行動（尼加拉瓜……），或是對外國進行軍事干預（伊拉克……）。如今，華盛頓多了數位大企業的加持，它的本領越發高強了。這一次，他們的利益不再是糾纏錯綜而是根本融合在一起了。地球上最強大的國家和源自資料科學的產業集團兩相結合，於是誕生了一種新型態的實體。此一不斷蛻變且受全球化浪潮刺激的新勢力正打算重新塑造人類。集中管理全球所有網域名稱系統的是十三部「根網域名稱伺服器」[3]，而負責營運這十三部伺服器的十二個機構即有九個是美國的。因此，美國手上握有國際網路的網站目錄（annuaire du Web），並且蒐集全世界有關網路連結來源與去向的巨量資料。就連授予網域名稱的工作都交給位於加州、受美國商業部監督的「網際網路名稱與數字位址分配機構」（Icann）[1]來處理。

如今，美國已控制了大數據。比爾·蓋茲和臉書老闆馬克·祖克柏一類的人物可謂是新時代的洛克斐勒。美國政府賦予這些人士開發、存取、純化這些數位礦脈的權利。在人類歷史上，從來沒有如此少的人集中如此多的權力以及財富。數位世界將會誕生超級的寡頭勢力。它和石油不同，因為數據資料是一種取之不盡、用之不竭的原料，能從數位輸油管裡源源不絕地冒出來。這些可供利用的巨量資料有百分之九十都是最近幾年創造出來的。

在不到十五年的時間裡，重新被命名為「阿法貝特」（Alphabet）的美國谷歌公司已經成為全世界最大的企業。二〇一六年，其股票市值即高達五千四百四十七億美元，幾乎是石油巨擘埃克森美孚（Exxon Mobil）的兩倍。排在「阿法貝特」之後的則是另外三家大數據公司——蘋果、微軟、臉書。二〇一一年總市值仍雄踞世界之冠的埃克森美孚現在已退居到第六位了。單單蘋果和臉書兩家便擁有二千八百九十億的現金！

大數據和石油一樣，這些原料只有經提煉後方能增值。電腦持續不斷被更多的訊息餵得飽飽，它以容量驚人的記憶體和功能越來越強大的處理器進行精密運算處理，提煉過程便展開了。為了達成目標，像谷歌這樣的公司至少擁有分布於世界各地的四十五座「算圖農場」（ferme de calcul）。農場的實際數目是商業機密，總之，專門有成組成套的伺服器負責收割國際網路一部分的訊息交換。根據估計，每一個巨大的「數據中心」（又稱「資料處理中心」）和美國一個四萬人口的城市所耗費的電量相等，其實這樣一點也不環保。谷歌承認自己在二〇一二年就排放了一百五十萬公噸的二氧化碳，大約是布吉納法索一年的碳足跡。搜尋引擎每天處理用戶生成的約二十四「千億位元組」（peta-octets）的資料，這相當於華盛頓國會圖書館（全世界最大的

---

1 Internet Corporation for Assigned Names and Numbers 的縮寫。

圖書館）裡典藏資料的一千倍。

資料越精純價值就越高，而選汰的細膩程度則取決於運算處理的品質。谷歌公司因一套名為「佩吉排名」（Page Rank）[2]的運算處理法而誕生。這套運算處理法係在一九九八年由谷歌公司的共同創辦人賴瑞．佩吉（Larry Page）和謝爾蓋．布林（Sergueï Brin）所發明。由於出現了這套革命性的運算處理法，這間位於山景城的企業變成了世界級的搜尋引擎，壟斷了全球網路百分之七十的查詢。歐洲網民上網查詢的資料有百分之九十是靠谷歌搜尋引擎完成的。

您聽過「蓋博法則」（la règle de Gabor）嗎？這條法則已被各大數據公司奉為金科玉律。發明全像攝影術且於一九七一年獲頒諾貝爾物理獎的匈牙利籍物理學家丹尼斯．蓋博（Dennis Gabor）曾經說過：「在技術上，一切可實現的都該加以實現，姑且不論其成果在道德上是否良善。」一切訊息都值得蒐集，因此最重要的不是資料品質，而是蒐集行為。在蒐集資料的當下，其真正流向並無法確實評估，畢竟日後的用途未必與當初預計的一致，或者用途範圍可能擴大。

蒐集消費者相關訊息的工具如今掌握在蘋果、微軟、谷歌與臉書等公司手中。美國各情報機構亦能從中獲取相關資料。我們的數位資料不屬於我們自己，我們的資料被剝奪，科技業者免費便可占有。我們自身的一部分被偷走了，那正是我們的數位印記。大數據公司犧牲個體以便建立強權，這和他們自詡的企業宗旨背道而馳。臉書總裁馬克．祖克柏曾向三千一百萬網民粉絲解釋自己為何欣賞莫伊塞斯．納伊姆（Moisés Naím）[3]寫的《權力的終結》一書。他興奮地指出：「世界正在改變，它將更多權柄交到個人手中，同時減弱像政府或軍隊等龐大組織的勢力。」根據祖克柏的看

2 佩吉排名又稱網頁排名，係以谷歌公司創辦人賴瑞．佩吉（Larry Page）之姓來命名的一種運算技術。搜尋引擎根據網頁之間相互的超連結來體現網頁的相關性和重要性，亦是決定網頁排名的一個要素。谷歌把從A頁面到B頁面的連結解釋為A頁面給B頁面投票，再根據投票來源（甚至來源的來源，即連結到A頁面的頁面）和投票目標的等級來決定新的等級。簡單來說，一個高等級的頁面可以使其他低等級頁面的等級提升。

3 委內瑞拉前貿易和工業部部長。他在《權力的終結》（*The End of Power*）一書中探討為什麼「底層人物的反社會體制力量可能推翻暴政、打破壟斷、帶來新機遇，但也可能導致混亂和癱瘓」。本書還創造性地洞察到不可避免的權力終結，以及這將如何改變世界。

法：既然真正的權力已不再集中於國家手中，而是存在於個體或個體之間交織出的人脈，尤其是臉書所利於建立的人脈，個體因此就可全然解放……

因此，他們的敵人即國家威權。對於矽谷大多數的企業而言，現今形式的國家就是應該打倒的障礙。他們害怕的並非「老大哥」而是「嚴父」。前谷歌公司工程師巴特里．傅利曼（Patri Friedman，著名自由派經濟學者米爾頓．傅利曼〔Milton Friedman〕之孫）認為政府是一種「效率不彰的事業」，而民主制度則「不合時宜」。他四處宣揚如下的理念：現今政治制度僵化，商業法規或有關使用公私資料的法規都已過時，凡此種種皆為進步阻力。巴特里．傅利曼鼓吹高科技的企業家搞分離獨立。二〇〇八年他創立了「海洋家園研究所」（Seasteading Institute）[4]，目的在於讓世界布滿避開任何國家主權的「漂浮城市」。傅利曼目前已向網際網路第三方支付公司「貝寶」（PayPal）的創始人、億萬富翁彼得．蒂爾（Peter Thiel）募到了一百五十萬美元。該公司今天已成為信用卡系統主要的競爭對手。二〇〇九年四月，彼得．蒂爾曾在「卡托」（Cato）此一自由意志主義（Libertarianisme）[5]智庫的網站上指出：「科技業與政治界」正展開一場「絕命尬車」。二〇一三年秋天，美國聯邦政府因預算上的糾紛，不得不暫時中止一部分的業務項目，彼得・蒂爾立刻評論道：「企業已經凌駕政權之上。企業如果倒閉，股市跟著崩盤，政府若是倒閉，什麼事也不會發生，我們依舊向前邁進，因為政府倒不倒閉根本無關緊要。政府癱瘓掉其實對大家都好。」彼得・蒂爾是臉書第一個外部的投資人，且其觀點和臉書向來同調。二〇一五年十二月，臉書總裁祖克柏高調地宣布將自身百分之九十九的股份贈與自己的慈善基金會「陳—祖克柏倡議」（Chan Zuckerberg Initiative）。根據基金會的章程，該組織不一定非資助慈善

4 海洋家園研究所是由韋恩・格拉姆利克和帕特里・傅利曼在二〇〇八年四月十五日創建的，是一個致力促進在公海上形成獨立可移動社區平台的組織。在第一屆海洋家園年會上，傅利曼這麼說：「當海洋家園成為一種可行的選擇之後，從一個政府更換到另一個政府，你只需要航行過去就行了，甚至都不需要離開你的房子。」

5 常譯為自由人主義、放任自由主義、自由意志論、自由至上主義、自由至上論。自由意志主義是一種主張只要個人不侵犯他人的同等自由，個人應該享有絕對自由並以其自身和財產從事任何活動的政治哲學。自由意志主義者的基本準則為：任何人類的互動行為都應該出於雙方自願和同意，任何利用暴力或詐欺手段侵犯他人權利和財產的舉動，都違反了這種準則。

事業不可，甚至也可以投資私人企業。這一點完全符合組織創立的目標：「開發人類潛能，並且促進平等」。說淺白些即發揚祖克柏的價值觀：對政府不信賴、私營企業至上。

二〇一三年十月，巴拉吉．斯里尼瓦桑（Balaji Srinivasan）這位網路界的明日之星以及數位貨幣比特幣的專家，曾在受邀參加一場名為「矽谷之終極出路」（Silicon Valley's Ultimate Exit）的研討會時表示：美國已經走上衰落之途，不久將遭歷史淘汰，所以應該創立另一個全新的國家。他堅定地表示：「一家科技企業一旦過時，你不會嘗試從內部加以改革，你會辭職，然後創立自己的新企業！為什麼不對國家做同樣的事？」二〇一四年五月，這回輪到賴瑞．佩吉在一群資訊業的研發人員面前表露心跡：「我們有太多太多既重要又令人振奮的事可以做，但因為法律不允許，我們才會無計可施。」

情勢很清楚了。在數位界那些先鋒們冷靜的態度背後，已經浮現他們欲擺脫民主制度的決心，因為這套制度早就變得笨重累贅。變得笨重累贅的還有大眾傳播媒體。

谷歌公司的口號即可反映出這種精神：「組織全世界的資訊，讓它成為人人都可利用的實用資訊。」為對抗傳統的大眾傳播媒體，大數據公司想出穩贏不輸的方案：削弱敵方勢力，以便容易向其伸出示好的手，進而與他們達成損人利己的協議。法國新聞業由於在六年間被吸走十億元的廣告收入，因此提出抗議，要求搜尋引擎為它自己收錄在「時事」項目下的文章支付費用。為避免法律最終強制它須付費，時任谷歌執行董事長的艾立克．史密特（Eric Schmidt）於二〇一三年二月一日親赴法國總統府艾利榭宮和法國新聞業代表會談。協商的結果是：谷歌這間跨國企業無須繳交任何費用，只需成立「新聞業數位創新基金」以資助相關計畫，幫助「政治類及一般類的報刊過渡到數位世界」（谷歌如此說的）。在這筆高達六千萬歐元的資金中，法國九家主要的日報與週刊已經提取了三分之一的款項。藉著一紙由法蘭索瓦．歐蘭德總統依法批准的文件，他便將錢撥給那些新聞業者，以減少大眾傳播媒體對於他的批評，這真是靈巧的高招，彷彿艾立克．史密特也是一國之主似的。至於臉書公司也在二〇一五年和美國、英國及德國九家重要的大眾傳媒公司簽約，由一座資料運算處理中心決定應讓哪些報導文章在網路上露出。如此一來，臉書就像個過濾器，根據它自己的邏輯判斷是否該放大別人所產出的某項訊息，報刊因此一步一步受到馬克．祖克柏的控制。臉書的「新聞即時推播」（Instant Articles）功能也一樣，使用者可以經由此一社交平台直接閱讀某幾家報刊的內容，例如法國的《巴黎人》（*Le Parisien*）、《二十分鐘》（*20 minutes*）、《巴黎競賽報》（*Paris Match*）、《回聲報》（*Les Échos*）等，而決定哪些新聞該上架的當然是臉書了。說到蘋果，它的控制就更直接了。例如該公司會對在iPad或iPhone露出之數位形式新聞行使審核權。若是某張照片被認定有礙風化，就直接一刀剪掉不讓登了。例如蘋果商店曾經移除一個「播客」（Podcast）[6]，而其內容僅是「法蘭西音樂網」以馬內筆下裸女〈奧林匹亞〉（*Olympia*）為核心製作的「情色文化」（érotisme）專題罷了。結果此舉普遍激起輿論的不滿。

對於大數據的業者而言，民主制度以及它那些放諸四海皆準的價值已經不合時宜，而古希臘人發明出來的「公民」概念早該束之高閣了！據比利時那慕爾（Namur）的法學研究員安托奈特．胡芙華（Antoinette Rouvroy）的評估，上述業者的目標在於期待出現「資料運算治理」（gouvernementalité algorithmique）的政府。此種前所未見的治理方式強調「透過可預期性的參數而非行為規範施政，經由觸發反應的警報統治個體，而非仰賴他們的理解能力與意志力」。

因此，在大數據公司的心目中，未來社會可能變成國家以及政治階級都將蒸發乃至消失的局面。民主政體苟延殘喘，而代議的制度也一樣。再過數年，大數據公司即有能力及時探知每一個體對於社會集體組織相關議題的反應，如此一來，每隔四、五年就辦一次選舉是否仍具意義？而國家對於大數據公司行使的徵稅權也將遭遇困難。大家都知道：大部分在法國營業的大數據公司要嘛不繳稅給法國政府，要嘛繳給它的稅微不足道，這是因為歐洲境內某些國家（例如盧森堡或愛爾蘭）的稅賦條件比較有利，他們便將總部設在那些國家，因而不需要向法國繳稅。大數據公司收入的巨大金

6 播客是一種數位媒體，指一系列的音訊、影片、電台節目或文字檔以列表形式經網際網路發布，然後聽眾經由電子裝置訂閱該列表以下載或串流當中的電子檔案，從而接收內容。英語「Podcast」一詞是「iPod」和「broadcast」（廣播）的混合詞。

流不受控制，這是全球化的極端現象。它消滅了國界的概念，並且威脅到歐洲模式（資料蒐集以及處理均較緩慢）的存續。

第三章

柏拉圖的預言

「如果他們可以一起談話，你難道認為
他們不會把自己看到的影子當成實際物體？」

柏拉圖
《理想國》第七卷
西元前五世紀

「在那些囚徒的眼裡，或許物體的影子就是真理，而他們也只是在幽暗之中看見那些影子而已。」將近兩千五百年前，古希臘哲學家柏拉圖在《理想國》中描述自出生以來即被關在洞穴中之囚徒的命運。每名囚徒都受監視，他們聽信監視人員，誤以為映照在洞壁上的影子即為實體，因此無法擺脫愚昧，進入澄明境界。在這膾炙人口的「洞穴寓言」中，監視人員亦是幻術高手，因為他們能使每名囚徒面對實體投射的影子時，始終處於被動和依賴的狀態。源源不絕展現的影像迷住了囚徒，使他們斷了逃脫的欲望，也斷了迎向自由的心願。柏拉圖的預言如今正要實現。在大數據公司所預期的世界中，我們都是囚徒，史無前例地陷溺在幻象之中。

彷彿我們被人關在一面會扭曲實體的觀察鏡前，因此在我們腦中，實體的幻影竟變得比實體本身重要了。這種侵害我們的疾病表現出多項症狀，其中一項便是對於紀念照的瘋狂迷戀。智慧型手機令我們視覺上的「善飢症」加劇，因為它讓我們幾乎可以無限量地拍攝並儲存影像，且立刻分享到天涯海角。臉書擁有四億用戶，在它的相片與影片分享平台Instagram上，每天交換的照片高達八千萬張。如今，最重要的並非當下，而是它的數位記錄。除非「此時此刻」以像素形式被捕捉起來成為回憶，否則根本沒有意義。若不拍照上傳臉書或是推特，何必辛苦一趟攻上吉力馬札羅山？當歐洲日內瓦的分子物理實驗室啟動「大型強子對撞機」（LHC，有史以來人類建造之最大型分子加速器）時，一些想像力太活躍的人便預言該項實驗將產生吞噬地球的黑洞。幸好這種意外並未發生。可是，世人恐怕沒注意到：世界的數位化已將真實抽離了。這個無法控制的現象如黑洞一樣，因為它將可觸及的現實吞噬掉了。一九五〇年代當電視開始普及的時候，德國哲學家根特．安德斯（Günther Anders）曾思考過這種天窗造型的古怪玩意兒，並且已預感到它的危險，也就是影像那吸引人的魅力。他警告說：「當幻影變成真實時，真實便會轉為幻影。」甚至就連餐盤裡的食物都逃不過攝影鏡頭，而最倒楣的應是餐館老闆了。世界各地的饕客彷彿都染上了一種流行病：一道菜端上來，他們便掏出智慧型手機拍照，讓它在時間上永遠定格，然後再張貼到社交網站。這只是虛幻的視覺陷阱，因為一道菜最重要的是刺激味蕾且讓食客產生特別的感動，而這個部分是無法數位化的，就更別提親友共餐場合的溫暖氛圍了。

所以，如今以影像全方位記錄生活才是最首要的，因為影像已凌駕於親身經歷之上。自拍的風潮以令人驚心的方式呼應了柏拉圖穴壁投影的寓言。

數據之囚徒就像妄想阻斷柯羅諾斯（Cronos）[1]奔競步伐的鴿子，幾乎心懷愁苦、固執啄食時間碎屑的鴿子。他們以為自己正在盡情享受生活，殊不知無論身在何處，他們從來不曾活在當下。我們受虛擬世界完善面的迷惑，結果造成自己幾乎憎惡現實，憎惡它的複雜、它的缺點，憎惡駭人之偶發事件所構成的不可預知性。只要點一下滑鼠便可欣賞谷歌「藝術計畫」（Art Project）所蒐羅的四萬件數位化高清畫素藏品，這樣，為何還需要排隊走進實體的博物館參觀呢？已有將近三千萬網民參觀過這個集結一百五十家博物館傑作的虛擬藝廊。這些畫作以七十億畫素的圖像重新拼湊起來，讓觀眾可以盡情品賞那纖毫畢現的細節。「藝術計畫」究竟是什麼？說穿了還是幻影，是一間充斥複製品的假博物館。谷歌讓我們以為看到了與真跡近到無法再

1 希臘神話中的時間之神。

近的東西，但事實上，我們距離藝術從未如此遙遠，因為我們已經陷入細節的泥淖而無法自拔。這種不符人性、但令我們感到陶醉的精確度，說穿了只是一種荒謬的科技成就。公認為法國藝術界數一數二最具影響力的人物，《美術雜誌》（*Beaux Arts Magazine*）的主編法布里斯．布斯托（Fabrice Bousteau）感嘆道[4]：「如果你觀察油畫的細節，你會發現它並無法預測、無法據以建立典型，而且也非0和1單純的畫素問題。你在谷歌虛擬博物館看到的並非真實的畫作。你當然可以將鏡頭放大一百五十倍欣賞一幅油畫的筆觸特寫，可是那些筆觸彼此間並無一致性。」接著他又強調：「同樣地，你足不出戶便可接觸到數量多到令你咋舌的藝術作品，可是那畢竟隔著相當遠的距離，觀眾和作品之間缺少化學反應。如能真正站到真跡前面，而非隔靴搔癢看看數位複製品就好，一切將會完全改觀。」上述那種數位經驗因為與實體割離，所以相當淺面，不過又是如此引人入勝。在《理想國》中，柏拉圖曾如此描述那些只看得到幽影的囚徒：「若是有人強迫他直視焰火，他的眼睛是否因此作痛，最終還是偏移視線去看原先自己有能力觀看的？他難道不會認為：自己雙眼立即可見的東西，事實上比人家想讓他看的東西更加清楚？」

別人強加給我們的數位化實體並不是實體。大數據公司在將世界數位化的過程中已在我們和現實之間布下一張網。這張網將我們的情緒感動這種純為人類分泌、無法歸納出類型的東西過濾掉，姑且不論這些東西是好是壞，但它的確讓人類有別於電腦，成為無法預測之生命體。「真實性」（authenticité）是古希臘人價值觀裡最重要的一環，因為他們認為：「活得真實」就是能夠認清自己，有意識接受生活真實的樣態。然而如今，這個觀念已經消失不見，取而代之的是贋品假貨。這是個「虛假」當道的年代，沒有哪件東西依然真實，無論自身或是環境都一樣。這流變的徵候便是：二〇一一年二月二十一日，在埃及誕生了一個名叫「臉書」的小女孩。

社會的虛擬化一點一點啃蝕掉我們的現實。如今，若某某人在交友網站結識一個虛擬情夫或虛擬情婦，就算根本沒有肉體上的任何接觸，要是他（她）正和自己的配偶打離婚官司，那麼可能會被法官認定是通姦行為而須負起責任。與現實的脫鉤很有可能因為大眾日漸愛用虛擬實境頭盔而越演越烈。整個科技產業都瞄準了電玩市場，因此他們都忙著開發一些讓大家沉溺於荒誕天地的遊戲、不同於真實世界的遊戲。臉書公司已經挹注二十億美元用於開發名為「虛擬實境之眼」（Oculus VR）的專用頭盔。在一九九九年上映的科幻影片《駭客任務》（*Matrix*）中，主角是那位年輕的電腦工程師，發現自己其實生活在一個電腦程式所創造的虛擬世界裡。二〇一五年三月，「虛擬實境之眼」計畫的協調人曾向公司的軟體設計師解釋道：「實體只不過是幻影。何謂真實？真實並非實體，而是收入你腦中的東西。」這些「造物主」所宣告的目標即是讓世人在「電腦程式所創造的虛擬世界」裡過活。虛擬實境是否正是疏離錯亂的最終形式呢？一旦你從真實天地脫離，脫離你的感官所認知的具體世界、古希臘人所定義的具體世界，那麼你就喪失自我。數位化令實境實物消失，連帶造成「人」的定義受到懷疑，而這也正是某些電玩迷所經歷的，因為他們將自己投射成3D世界中的神魔。他們已經無法認清自己是誰。自己的獨特性一旦泯滅，他們便連帶放棄自由意志，乃至於全然喪失逃離虛擬世界的欲望。他們好比洞穴中的一群囚徒，隨時準備殺死他們之間那個著手拯救大家脫離假象的人。假象當中最引人入勝的莫過於「免費」這件事了。

「網路之中一切免費，大家不妨盡情馳騁。」我們被這個虛假的承諾催眠，紛紛奔向柏拉圖的洞穴，最後被囚禁起來，好比格林童話中那些被魔笛迷住的孩童。事實上，有句格言說得好：「誰不付錢消費，誰就不是顧客而是利潤。」我們上網便是我們在付代價。一旦進入網路天地，我們不知不覺便有點像和魔鬼簽了合同：我們拿自己的數位身分換取各式免費的、越來越個人化的服務。我們可以說：2.0級[2]（現在已進入3.0級）❺的個體商品價值已經不是個體的勞動力，而是他的網路身分，而且這身分可以一再轉賣，好像奴隸市場的遊戲規則。谷歌公司的執行董事長艾立克・史密特在他的《由我們書寫未來》❻（*À nous d'écrire l'avenir*）一書中斬釘截鐵指出：「對未來的公民而言，他的身分資料才是最寶貴的商品，而這些資料基本上都存在網路上。」

2 係指一個利用Web的平台、由用戶主導而生成內容的網際網路產品模式，與傳統由網站雇員主導生成內容的第一階段不同。

這種資料新革命的威力在於：它的每一個負面向最終都將導向良好的實質效果。」換句話說，樂意提供自己身分資料的網民其實都被利用，不過他們甘心如此……

連上網路之後，我們以為自己就獨立自主了、不受羈絆了，殊不知我們正受到機器擺布，而且人際交流須屈從於某些規則，一切訊息被格式化、社會關係被程序化……資料運算處理功能甚至勾勒出我們數位身分的輪廓。當我們在臉書上註冊時所填的那一張個人資料表格也是規格化的，於是數位上的自我已被簡單化了。為方便電腦程式所創造的虛擬世界吞噬我們、消化我們，這個自我被簡約化了。法國最高行政法院最近在一份有關數位與基本人權的報告書中開始關心起這個議題。二〇一四年九月，皇家宮殿（Palais-Royal）最高行政法院法官寫道：「今天，一個網民看到的搜尋結果會和其他網民看到的不一樣。他在入口網站看到的廣告甚至文章也會和鄰居看到的不同，而掌握的商品報價也與鄰居所掌握的不同。這在資訊的獲取上可能會造成嚴重的問題。」資料運算處理程式一旦只提供個別網民據稱最能反映他胃口的文章、影片或網站，它有可能將個別網民「閉鎖」在井底，而這卻和網際網路的初衷大相逕庭，因為原先我們期待透過網網相連，民眾得以擴大自己的視野……原先由網路巨人們機巧粉飾的「網路無所偏頗」之假象如今已被轟出一個缺口。蘭塔納・斯威柏（Lantana Sweeper）曾對中立運算程式自詡的無所偏頗特性進行實驗。這位哈佛大學教授將自己的姓名鍵入谷歌，卻出現一些法律事務所廣告，提議針對她的「案底」提供諮詢服務。為何搜尋結果會導致這樣的連結？單純只因為資料運算處理程式從名字推測她是非裔美國人，然後再得出也許她有法律困擾的結論！資料運算處理程式非但不是「立場中立」，而且可能還有種族歧視偏見[7]……大肆誇耀的「立場中立」事實上根本辦不到，因為數位世界是以大數據公司的利益為依歸的。法國最高行政法院在報告書的結論中呼籲「為資料的運算處理立法」。

我們賦予各高科技公司權柄，讓他們為世界進行編碼，也讓自己落入圈套。這種權柄何其巨大，因為在數位空間裡，符碼即為法律。二〇〇〇年，《哈佛雜誌》刊出傑出法學教授勞倫斯・來希格（Lawrence Lessig）的文章。他以如下的文字表達憂心：「符碼取代一定數量的價值。它確保某些自由，但也妨礙某些自由。它保障私生活，但也加強監視。問題癥結在於：我們到底是集體扮演一個角色，或是乾脆放手讓編碼者幫我們選擇我們自己的價值？」如果輕信資料處理權威，認為符碼捍衛自由，因此根本不需要再由法律保障它的話，那才是危險的假象。

為了讓我們留在洞穴深處，人家賣給我們下列這個假象：網際網路會將我們彼此聯繫起來，我們永遠不再孤立。然而，情況正好完全相反。美國人類學家雪莉·特克在《在一起孤獨》[8]一書中寫道：「網路的超連結讓我們覺得自己超越了國界、文化、語言……，已經和世界各角落連起來了。但實際上我們每個人卻是單獨被閉鎖在一個虛擬世界裡，和現實完全脫節了。」我們真的連在一起沒錯，可是本質上卻是孤立的。網際網路並不是表面呈現的那樣，它並沒有創造新型態的團結。除了少數例外，每個人都困在自己的繭殼裡，都是自顧自的。有人觀察到日本社會近年出現一個怪現象：有些少年和青年把自己關在家裡，而網際網路則一直保持連線狀態，此即所謂的「隱蔽人士」（引きこもり）[3]。社會學家多米尼克·沃爾東（Dominique Wolton）在《另類的全球化》（*L'Autre mondialisation*）中用「上網疏離」（aliénation du branchement）一詞形容那些完全沒能力活在虛擬世界外的人。他提醒道：「人類最基本的需求並非影像，而是實際上的接觸交流。」

個體會因蟄居而漸漸蜷縮。他坍陷在自己的內心裡，而該處好像一個黑洞，令他原有的同情心崩解，並且導致極可怕的後果：我們將面臨喪失部分人性的風險。人類初生之時，腦袋尚未發育完全，故其脆弱程度難以想像。然而，他的脆弱正好成就他的力量，這是因為他的腦容量會增大，同時藉由與環境以及他人的互動而變得充實。人類最大特徵乃是他的社交能力，集體遊戲則為他的救贖所在。他的力量源自群體。如今，極端個人主義粗暴介入，又有大數據公司助紂為虐，以至於「團結」這個構成人性的要素蕩然無存了。已經有不少教師注意到：孤立不合群的學生越來越多，他們在幻想的天地之中踽踽獨行，遠離現實，遠離群體所關切的議題，而且人生目標只在

3　隱蔽人士，俗稱繭居族、蟄居族、閉門族，指人處於狹小空間，不出社會、不上學、不上班，自我封閉生活。「隱蔽」一般是指拒絕社交、參與社會的心理狀態。

獨自遊戲。精神病理學的個案與日俱增，從偏執狂到強迫性的精神官能症都有，其起因都該歸咎於這種孤絕狀態。大家知道，強迫性精神官能症是種防禦憂鬱症（如今有越來越多年輕人受其威脅）的機制，此外還有不斷加重的社交退縮以及上文提過的同情心喪失。同情心喪失的結果導致個體無法估量暴力所造成的痛苦，因此很容易就訴諸暴力手段。這種現象在美國越來越常見，層出不窮的濫殺事件常是上述那一種自我封閉的人所犯下的。

第四章

協定

「甘願犧牲一點自由以換取一點安全的人，
不配享受自由和安全，而且終將兩頭落空。」

班傑明・富蘭克林
一七五五年

二十年前，發明ＩＣ智慧卡的法國人羅蘭．莫黑諾（Roland Moreno）行駛於鄉間時，座車突然偏離公路撞進田野。莫氏昏迷數個星期後接著又需長時間療養。全球最大ＳＩＭ卡製造商捷普（Gemplus）的老闆原本反對美國中情局所操縱的美國資金投資這間由他和別人共同創立的公司，然而到了這時候，他讓步了。美國達到它的目的，成功染指世界上資料加密技術最先進的這一家公司。愛德華．史諾登（Edward Snowden）爆料美國間諜工作內幕而喧騰一時，而公布這件事的網路調查報導雜誌《攔截》（*The Intercept*）後來於二〇一五年二月又透露：美國國安局以及英國的對等機構「政府通訊總部」（Government Communications Headquarters，縮寫為ＧＣＨＱ）從金雅拓（Gemalto，即先前的捷普）公司竊走數量驚人的ＳＩＭ卡密鑰。每一片被顧客買走的晶片卡都配有密鑰，而這些密鑰立刻被情報部門「回收」，就算顧客是電信業者也不能倖免。這種「竊盜行為」讓他們得以神不知鬼不覺地竊聽一百九十個國家中，向金雅拓公司採購ＳＩＭ卡的四百五十家電信業者。

一九九〇年代末，美國的情報體系體認到自己必須儘快征服「情報空間」（infosphère），因為未來地球上最重要的訊息都將經由該空間傳送。於是，一個被命名為「情報霸業」（Information dominance）的行動計畫立即拉開了序幕，目的在為上述體系和數位界業者搭起橋梁。美國中央情報局因此設立了一個投資基金「ＩＱＴ電信」[1]，由其促成搜尋引擎或是匿名搜尋軟體等新工具面世。這項計畫也包括控制ＩＣ智慧卡的技術，而這種卡在銀行支付以及行動電話方面都不可或缺。美國人加入捷普公司之後便急忙任命「ＩＱＴ電信」的一位前董事擔任該公司總裁。就在這個年代，情報部門便和當時人稱「資訊及通訊新科技」（nouvelles technologies de l'information et de la communication，縮寫為ＮＴＩＣ）的業者結成鞏固的聯盟。而這些ＮＴＩＣ業者即為日後大數據公司的前身。

今天，使網路變成全世界監視個體之主流手段的偏差作法，又因一個與國際關係（特別是和美國）有關的事件而更加嚴重。自從柏林圍牆倒塌後，美國便以全球頭號和平使者的身分自居，又將「讓世界更安全」的口號高唱入雲。美國挾其軍事力量，再加上意識型態的包裝與完善的情報工作，自我抬舉為世界警察，專門打擊所有妨礙它利益的勢力。共產制度瓦解之後，興起了一股反抗這種霸權心態但卻不合時代潮流的模式。率先發難的地方大部分是能源問題的熱點，也就是近東以及中東地區。在一次又一次實踐「戰爭有助經濟復甦」的理念後，美國已在上述地區造成長期動盪。今日，敘利亞和伊拉克境內一些犯罪組織橫行霸道，一般將它歸咎於宗教的緊張關係，但這只是個似是而非的藉口，其實美國和西方世界的某些國家須負一部分責任。以前，資本主義和共產主義的對峙，從地緣上看，可以明顯區分為兩大壁壘，然而時至今日，恐怖主義卻從已向全球廣泛傳播的一個宗教（儘管其根源位於中東此一特定地區）滋生出來。

1 簡稱IQT，總公司位於美國維吉尼亞州阿靈頓（Arlington），是一個不以營利為目的之風險投資公司。它投資高科技公司唯一目的是保持美國中情局得以隨時配備最新信息技術，來支持聯合國和美國的情報戰能力。

在這種背景下，二〇〇一年九月十一日紐約雙子星大樓倒塌的事件震驚了美國，甚至比一九四一年日軍偷襲珍珠港（發生地點遠離美國本土，而且多少已在意料之中）的事件更加嚴重。此一悲劇很快便轉變為恥辱。美國有史以來首度在它的本土、在象徵強大國力的國際金融機器核心遭受痛擊。美國中情局以前曾訓練過此次恐攻行動的首腦賓拉登，利用他打擊阿富汗前線的蘇聯軍隊，因此美國現在的慘敗更令人難堪。有陰謀論認為：美國故意放任恐怖分子在其境內滋事，目的在於為發動戰爭而凝聚輿論共識。如果我們排除這種說法，那麼情報部門的徹底潰敗就成為說得通的唯一理由。白宮當局直接指責聯邦調查局、中央情報局，尤其是國家安全局效率不彰，而這些機構便乘機取得龐大的科技資源，以便監控浩瀚的數位汪洋。同一時期，網路正在全球取得決定性的飛躍發展，全世界上網人口已達三分之一。從那時起，他們便將監控全球作為目標。他們採用的手段不再是鎖定一群群的個體、將其底細摸得清清楚楚，而是暗中全面監視整個世界，然後再對巨量訊息進行精煉提純。此一目標奇蹟般地又和大數據公司研發的科技一拍即合。你在谷歌隨便搜尋一個項目，幾秒間你動用的資訊功率與昔日把人送上月球時不相上下。由於有複雜的資料運算處理設備以及監測警告系統，電腦程式造出來的虛擬世界很快便能偵測出可疑的人或可疑行為。此一概念後來被美國人口中的「亞歷山大國王」（le roi Alexander）加以理論化了。凱斯・亞歷山大（Keith Alexander）將軍在美國國安局主政九年後於二〇一四年交棒，那時他的「乾草捆」已經成為家喻戶曉的譬喻：為了找一根針，你必須檢查一整捆乾草。法國對外安全總局前技術部門主管貝赫納・巴爾比耶（Bernard Barbier）最近描述二〇〇七年他和美國將軍亞歷山大見面的經過：「一頓豐盛佳餚〔……〕吃到尾聲，到了享用甜點、等候咖啡上桌之際，他說：『我的目標就是監聽全世界的網路。』我還記得，有人注視著他並且問道：『怎麼可能？』」這位卸任的法國情報人員評論道：「今天，史諾登的事件讓我們看出，早在二〇〇七年那時候，美國國安局已經有能力監聽全世界，美國人的全面監聽技術已經上軌道了。」[9]史諾登的爆料是將〈安全港協議〉（Safe Harbor）[2]（此一由布魯塞爾歐盟執委會簽訂的協議，准許大數據公司將歐洲網民的資料傳輸到美國）逼入死胡同的因素之一。二〇一六年二月，歐盟又和山姆大叔簽訂了一項所謂的新協議，以便確保儲存於美國本土的資料之機密性。

我們聽到的口號是「打擊罪惡」和「向恐怖宣戰」，採取的手段即是監視全世界。於是，議會投票通過鉅額預算以便監聽所有的電話交談、讀取所有的往來電子郵件、檢查所有的網路查詢記錄、連上所有的監視錄影設備。從此以後，所有以交換資訊為目的的連結都不該逃過美國國安局的監管，而且該機構會根據自己的標準加以處理與儲存。美國國安局進行監聽的方式並非三言兩語說得完的。我們只需記得，今天所有的人際交流都靠網路來完成，還有，美國國安局已經連上傳輸訊息的光纖。不管訊息源自哪裡、輸往何方，光纖反正會在某個時間點從美國轉接。

此種局面乃是兩件事共同導致的結果：其一是九一一悲劇，連帶引起持續性偏執狂的九一一；其二是發展出了一套處理以及儲存資訊的系統，由科技神奇之躍進所培養的系統。這兩件事激發出連歐威爾都不敢想像的瘋狂野心。此一野心為那令人不痛不癢的獨裁打下基礎，而在這種獨裁之下，每個個體都要接受如下狀況：自己的全部或是部分，在沒被預先鎖定的情形下，會被全球性的監測系統揭露出來。柏林圍牆倒塌亦造成美國的維安機制脫胎換骨。地緣戰略學顧問兼情報議題專家貝爾西・坎伯（Percy Kemp）揭露道：「情報部門以前鎖定的對象清清楚楚就是蘇聯集團，針對一個你無法與之達成休戰約定甚至簽署和平協議的敵人。如今，從本質上來看，威脅根本難以捉摸。正因如此，持續使用非常手段已然成為天經地義的事，而其目標乃在壓制威脅或是將之根除。」[10]

---

2 二〇〇〇年，歐盟執委會與美國政府簽訂安全港協議，允許歐洲聯盟和美國雙方企業與個人能流通個人可識別資料的原則。這是為了滿足政府監管和立法目的而設立之私人自我調節的政策和機制，不包括政府法規和強制條令。加入安全港協議的美國企業必須單獨從各個歐盟國家獲取授權，以免侵犯歐盟隱私法的條款。二〇一四年八月一日，奧地利學生馬克思・斯瑞姆（Max Schrems）就臉書未經合法授權就取用及分析歐洲用戶個人資料等違反歐盟法律的問題，向維也納商業法庭提出集體訴訟，要求禁止臉書將歐洲用戶的資料傳送到美國，並要求臉書賠償每位歐洲用戶五百歐元。二〇一五年十月六日，歐洲法院裁定，安全港協議無法充分保護歐盟公民個人資料，應屬無效。

對人類的此種監控以及可能產出的訊息，並非仍處於紙上談兵的階段，而是一個建構速度極為驚人的現實，並且全然不顧國界觀念以及法律保障。今天，我們已不可能牽制它飛快的增勢。能控制它的唯有那套系統的主使者以及倡導者。大數據公司高層已和情報界形成了鞏固的聯盟關係，假托自己的所作所為均於法有據，然而，相關法律在美國就算有也是最低限度，且在其他地方根本付之闕如。因此，美國國安局不需負擔半點責任義務。美國有史以來從未展現過這般強大的帝國氣焰，而其他國家有史以來也從未如此依順。資訊方面，歐洲似乎尤其無法和美國的霸權抗衡。此一現勢注定未來會將歐洲打入二流國家等級，它將因為附庸身分而遭旁落。

情報部門以及大數據公司擁有共同的未來，在全球資訊的處理與蒐集上，兩者會形成本世紀最有影響力的組合。美國國家機器最強勢的部分從此混入了異質成分。在美國民主的歷史進程之中，情報部門的重要性是相當突出的一環。美國情報機構常以民主聖殿守衛者的姿態行事，一九六三年甘迺迪總統遇刺事件即是其直接造成的。今天各方幾乎已有定論：當初該事件是由特務組織、軍方以及附帶黑手黨等多方所密謀犯下。雖然這樁案件已經過了很久，但是政府對它依然保持緘默，原因十分簡單：唯恐案情一旦水落石出會暴露美國民主政治（其利益理應高於個別機構、團體之利益）的局限。九一一事件後，美國簽署了〈愛國者法案〉（Patriot Act）[3]，但此一法案以打擊恐怖主義為名，卻違背民主政治的多項原則，而且為使第二次伊拉克戰爭顯得理直氣壯，該國竟然不惜說謊。小布希總統難道不是宣稱已掌握了情報機構所提供的明確證據，所以才會當著聯合國安全理事會的面，鄭重表示海珊領導的國家和蓋達組織關係密切，並且指責他擁有可造成大量人員死亡的毀滅性武器，因此威脅到美國的安全？

大數據公司和情報部門間的關係盤根錯節，這個事實不容否認。如同史諾登所揭露的那樣，外國資料由於存放在美國私人企業的伺服器裡，美國政府才能將其據為己

3　二〇〇一年十月二十六日由美國總統小布希簽署頒布的國會法案，是一部透過使用適當之手段來阻止或避免恐怖主義、以團結並強化美國的法律。

有，另外，他也指出，美國國安局已經徹底嫻熟相關科技的運用。高科技工業和情報機構被有利可圖的合同串聯起來。單在二〇一三年二月份，史諾登最後的雇主博思艾倫漢密爾頓控股公司從美國國土安全部收取的帳款便高達一百一十億美元，這是法國司法部年度預算的一點五倍。這家總部設在美國維吉尼亞州的企業有百分之九十八的營業額來自美國政府，而提供的基本上是與情報領域有關的服務。該公司二萬五千名員工中，有一半被託付特務型態的工作。二〇〇九年以來，博思艾倫漢密爾頓控股公司已由凱雷集團（Carlyle Group）[4]控制，而後者乃是當今全球數一數二最龐大的投資基金，擁有一千五百億美元的資產，以致有人毫不猶豫稱它為「中央情報局的銀行」。它的董事會成員確實包括美國中情局前局長、後來又在老布希總統時代出任國防部長的法蘭克．卡盧奇（Frank Carlucci）。此外，這位總統本身亦曾擔任過凱雷集團的董事。透過自己的風險投資基金「IQT電信」，美國中情局同時也是精於大數據分析之帕蘭泰爾技術公司（Palantir Technologies）[5]主要的資金供應者。帕蘭泰爾技術公司於二〇〇五年低調地由矽谷最具影響力的企業家彼得．提爾（Peter Thiel）創立，當時即量身訂作為美國國安局、中央情報局和聯邦調查局精心研發資料運算處理技術。今天，該公司的資產估計達到一百五十億美元。說句題外話，「帕蘭泰爾」（Palantir）是英國作家托爾金（Tolkien）在《魔戒》中用來專指一種能讓人預知未來的神奇寶石……

甚至在情報工作系統尚未以大量合同塞飽重要的科技公司前，五角大廈就已開始慷慨補助資訊業的先鋒。要是沒有政府金援，那些先鋒恐怕都不可能存在。網際網路本身就是美軍所發明的。在冷戰巔峰期面對蘇聯的威脅時，隸屬於五角大廈且

---

4 大衛·魯賓斯坦（David M. Rubenstein）等人於一九八七年成立的私募股權投資公司，總部設於美國華盛頓，主要業務包括企業購併、房地產、槓桿財務以及創投，投資產業範圍遍及航太國防、消費零售、能源、醫療保健、科技、電信、媒體與運輸業。其管理的資產超過八百億美元，給投資者的年均回報率高達百分之三十五，被稱為「總統俱樂部」。美國前任總統老布希、英國前首相梅傑、菲律賓前總統菲德爾·羅慕斯、美國前證券與交易委員會（SEC）主席阿瑟·列維特、金融大亨喬治·索羅斯都曾在其中掛職，擁有較深的政治資源。

5 美國一家軟體和服務公司，總部位於帕羅奧圖（Palo Alto），以大數據分析出名，主要客戶為政府機構和金融機構。最出名的案例是以大數據技術幫助美國軍方成功定位並擊斃蓋達組織首腦賓拉登。

主要任務在於促進研發的「國防高等研究計畫署」（Defense Advanced Research Projects Agency，簡稱DARPA）擔任總協調的角色，成功推出一種新的通訊系統。而且為了能夠撐過核戰災難，該系統的某些部分可以單獨切斷，所以不致損及整座系統。在這種時空背景下，一九六九年便誕生網際網路的前身「高等研究計畫署網路」（簡稱ARPANET）。法國「搖滾天空電台」（skyrock）的老闆皮耶・貝朗傑（Pierre Bellanger）是法國數一數二最早經營網際網路事業的先鋒。他在自己的《數位霸權》（*La Souvraineté numérique*）一書中談到當年創業的情形：「人們對於偌大事業竟從自家車庫克難草創起來的事感到驚奇，可是大家也忘了一件事：這個『車庫』事實上位在某艘航空母艦上！」[11]

國家投越多錢在情報工作上，各大數據公司就賺得越多。因為《愛國者法案》允許美國國安局和中央情報局以維護國家安全的名義，求助於握有數位資料的美國私人企業，谷歌公司於是在政府情報部門請求下，每年都會監測一千至二千個帳戶。

美國情報系統和大數據公司究竟合作到什麼程度呢？有人認為已經猜出何以蘋果

公司製造的智慧型手機那麼難將電池拆下。某位法國情報界的人員向我們解釋道：「害怕遭到祕密監視的人，首先想到的都是拆掉行動電話的電池，因為電池裡的剩餘電量可以做很多事。」德國的《明鏡週刊》（*Der Spiegel*）兩年前曾憑實據報導：美國國安局可以自由檢視存放在蘋果**iPhone**手機中的資訊，所以，從二〇〇八年起，間諜軟體**Dropoutjeep**便讓美國國安局得以下載智慧型手機中的資料檔以及檢視簡訊、地址簿、記事本或是竊聽語音留言，甚至啟動麥克風和照相功能。針對這項報導，蘋果公司立刻出面澄清「從來不曾為了和美國國安局合作，而在自家的產品中偷開後門」。為了確保顧客的信心不至於動搖，後來該公司即拒絕聯邦法官為聯邦調查局所提出的要求：將加州聖貝納迪諾槍擊案一對男女恐怖分子的手機密碼加以「解鎖」。有人於是閒言閒語說道：警匪駁火的畫面躍上媒體之後，蘋果終於可以重振名聲，因為當年據說大數據公司和美國情報部門間「彼此防範並不周延」，上述部門或者透過特務滲透、或者透過祕密協議而能獲取所需資料。在強勢的美國國安局這方面，它雖具備自由監看電腦以及竊聽電話的能力，但是無法在法律框架裡行事（它和聯邦調查局不一樣，因為後者擁有司法警察地位），不過如今終於有機會讓那種作為變成合法。沒人對數位巨擘和特務機構間那條管道的規模起疑心。等到史諾登掀開遮布的一角，美國行政當局只好使出渾身解數，要讓這種共謀關係在群眾眼裡顯得無可厚非。絕對不能因為這件醜聞致使輿論開始質疑此一「協定」。二〇一五年二月以來，科技企業和安全部門間的資料共享事宜已交由「網路安全暨通訊整合中心」（Cybersecurity and Communications Integration Center）負責協調。先前因使用者的關係而惹上麻煩的幾家數位巨擘，如今裝模作樣表演展現魄力的戲碼，說明自己和美國的國安系統站在一起，同時表示願意承擔反恐的責任，如此就分散了大家的注意力。谷歌業已擺出姿態，自詡為防範年輕人「走上激進道路」的堡壘。二〇一一年六月，谷歌在愛爾蘭舉辦一場有關激進分子暴力的研討會，執行董事長艾立克·史密特斷言：大數據公司擁有對抗激進化「最有效的策略」。他解釋道：「這裡指的是電玩、社交網站以及行動電話等大公司，這些業者或許比任何人都知道如何吸引年輕人，讓他們脫離不管哪一種宗教派別，因為恐怖主義負責招募新血的人鎖定的對象主要就是這些年輕人。這些企業也許不知道『激進化』的一切細膩分別，也許不知道某些特別民族的所有差異（例如葉門、伊拉克或是索馬利亞境內），但是他們毫無疑問一定懂得年輕人的心理，並且了解後者需要何種玩具。」[12]這家位於山景城的公司索性聘用美國國務院一位打擊激進主義以及恐怖主義的卸任官員，以便創設與該議題有關的智庫「谷歌創見」（Google Ideas）。

我們已經看到，問題矛盾之處在於：大數據公司身不由己被整合進反恐的機制裡。成功的恐怖攻擊通常都是耗費最少資源、卻在人心之中造成最深創痛的事件。然而網際網路的作用就像共鳴箱那樣，訊息出現之後就會以極快的速度傳播出去，然後根深柢固留存於數位記憶中。群眾的情緒被激得越高，情報系統就能獲得更多預算挹注，而其中一部分便流進了大數據公司的口袋，於是國安生態系統就變得自給自足。

在不到四十年的時間裡，原先只是應軍方考量而發明的設備，但後來和行動電話結合起來，成為當今人類最重要的通訊方式，而且是一個可讓人隨時隨地和外界保持連結的科技奇蹟。自從二十一世紀初以來，也就是說不久以來，網際網路已成為我們生活的一部分，而且單就人際聯繫的速度以及資訊取得的方便等兩方面而言，它確實為我們帶來便利。不過，人類最好的科技發明必然會產生不好的副作用。拿網際網路的例子來說，它的負面影響當然不像「核子冬天」那麼具有摧毀力，然而較之後者卻是險惡得多，甚至侵害到如個體自由那樣的基本價值。情報部門和大數據企業的串聯產生了一種非透過選舉方式而生的全球政府，就憑這點，它已經威脅到民主制度。

第五章

歐威爾，可惜你沒料到

「『私生活』這概念是在工業革命都市興起那時代產生的，因此說穿了可能只是種反常現象。」

文頓·瑟夫（Vinton Cerf）
谷歌技術傳播部門主管
二〇一三年十一月

今天，美國國安局比起當年東德政府「國家安全部」（Stasi）[1]掌握更多德國公民的資料。美國這個情報機構能夠自由監視德國公民的每一個行動、每一封交換的電子郵件，深入他們日常中的分分秒秒。今天，我們都意識到：隨身攜帶手機就像口袋躲著一個間諜。這就好比有個如影隨形的「史塔西」祕密警察將你的行蹤謹慎地記錄下來，再把你接觸過的人列出清單，並且監視你的朋友，在你填行事曆、寫簡訊或收電子郵件的時候從你肩上探頭偷看，或是檢視你的相片集和影片……他是我們生活軌跡的檔案保管人員，我們無法對他遮掩任何東西。他的雇主就叫蘋果或是谷歌。僅這兩家公司就控制了地球上所有智慧型手機百分之九十的數據處理系統。

我們還沒有完全看出來：圍繞在我們身旁的世界已經變成了一張吸墨紙。網際網路根本就在掃描個體，這種說法毫不誇張。我們所有的付款記錄都可以逐條抓出，我們的銀行帳戶從此也可以被抽絲剝繭地分析，以便歸納出我們的行為模式。欠債的人

1　德語「國家安全」（Staatssicherheit）的縮寫，或譯「史塔西」。該機構成立於一九五〇年，總部設於東柏林，被公認為當時世界上數一數二最有效率的情報和祕密警察機構。

都有一個檔案記錄他的資料，揮霍成癮的人也是。一個人的理財習慣是健康的或是愛碰運氣，都可據此得出結論，然後再把資料賣給一些機構組織，而後者即可預先知道來日這些顧客的反應。網際網路業者很清楚一件事：從他們系統轉送出去的巨量資料真的像一座金銀山，只需稍加組織便可轉賣出去。保險員在販售死亡保險契約之前難道沒有興趣知道客戶病歷裡的所有資料，甚至於弄清楚他的飲食習慣？這個聚寶盆似乎取之不盡用之不竭。

作為消費者的每個個體都必須被精確分析，如此一來，商業界才能更加了解他的習慣與需求。今天，谷歌已成為線上廣告的龍頭老大，賺來的錢高達公司收入的百分之九十。他們已經根據社會人口學的標準記錄了用戶的特點，從我們的歷史搜尋中記錄我們興趣何在，又從他們所提供的Gmail服務探知我們電子郵件的內容。此外，該公司以打擊垃圾郵件為名，完整掃描一封又一封的郵件，並且分析其中的關鍵字。這張駭人的吸墨紙喝個不停，將我們留在數位世界裡的痕跡全吸乾淨。而我們也默默同意，不自覺地勾選如下這個選項：「我已詳閱並且接受上述使用條款。」滑鼠一點下去表示沒有異議，此舉讓他們更容易取得資料。遙想當年，「史塔西」須藉二十七萬名公務員和五十萬名志願者的力量，才能在被鎖定對象不知情的狀況下寫好他們的檔案（東德這個政治警察單位解體之後，人們找出來的祕密記錄若排列起來將長達一萬七千公里）。時至今日，變成我們自己提供資料、給予檔案。臉書全球十四億用戶也默默把自己的朋友名單、戀愛狀況、生日、個人照片和興趣嗜好一古腦交給了馬克·祖克柏的公司。這樣一來，他們等於把自己的部分私密拋棄掉了。為了換取免費服務，他們拱手讓出個人資料，而此舉足以讓世界第二大線上廣告公司大賺其錢。

為了讓每位顧客的檔案更細緻化，臉書進一步取得合作網站提供的訊息，而且不久之前也開始使用於二〇一三年向微軟公司收購之革命性的追蹤利器。這種名為「亞特拉斯」（Atlas）的廣告平台能追蹤社交網站上每一位成員，更厲害的是它用上了「小甜餅」（Cookies）[2]。當我們上網瀏覽的時候，負責通風報信的「小甜餅」便自動

---

2 中文稱為「小甜餅」或「小型文字檔案」，指某些網站為了辨別用戶身分而儲存在用戶端（Client Side）上的資料，而且通常經過加密。

附上我們電腦的IP位址，好像貝類黏上船殼那樣。有了「亞特拉斯」，用戶就像鴿子被戴上了腳環，因此不管他使用哪一種上網設備（桌上型電腦、筆記型電腦、平板電腦或智慧型手機），他都會被辨識出來並加以追蹤。將近十五億的用戶無論在網路上什麼地方，臉書都有本事追蹤到他們（僅法國就超過兩千萬）。喜歡閱讀數位書籍的人也免不了被追蹤的命運，因為電子閱讀器會記錄讀者的閱讀習慣、偏好書種與較喜歡的閱讀地點、時刻，還有哪幾頁被加了旁注、哪幾章被略去不讀、哪幾本書還沒讀完即被擱置。這些先前無從得知的訊息如今都可以轉賣給出版商，以便出版品的行銷達到最優化的狀態。音樂領域也逃不過這種唯利是圖的偷窺癖。總有哪個品牌準備付錢探知我們愛聽哪些選段，還有我們偏好何時、何地以何種方式聆賞音樂。推特雖然免費，但是公司卻會把進入推特檢視訊息來往的權利賣給數據企業。將來，這些數據企業說不定會左右報刊編輯部的選擇。美國專門提供網路隨選串流影片的「網飛」（Netflix）[3]公司已完成「觀眾預測」（audiences prédiction）的研究，說白一點，就是預測某某影集將可能有多少訂戶數目。製作人在為新片挑選演員時，資料運算處理程式也能提供他們恰當的名單。下一步已很明顯了：「網飛」公司裡將近四百位工程師會進一步讓資料運算處理程式更加完備，以便推薦給用戶他們想看的影片。

訊息潛力無窮，而大數據公司正是看準了這一點。他們的終極目標便是一直蒐集有關每一個體的更多訊息，哪怕是最微不足道的也不放過，所秉持的理念如下：將來總會開發出更強大的資料運算處理程式，屆時就能從中搾取有用資訊，可以賣錢的資訊或是政治、社會方面值得關注的資訊。我們徹徹底底進入被全面監視的時代。堪稱「網路之父」其中之一的文頓．瑟夫（如今投效谷歌）就曾宣告：「『私生活』已經變成反常的概念。」何必哀嘆私生活的消失呢？人家不厭其煩告訴我們：地球村並不比舊日村落差到哪裡，因為在舊日村落裡，大家不都知道彼此的事？然而不同的是：在實體村落裡，你知道監視你的人是誰，更何況他也會被你監視。還有，這種相互監視

3 「網飛」是一間在世界多國提供網路隨選串流影片的公司，並同時在美國經營單一費率郵寄ＤＶＤ出租服務。公司成立於一九九七年，總部位於加州洛斯蓋圖（Los Gatos），一九九九年開始推出訂閱制的服務，到了二〇〇九年，該公司已可提供超過十萬部電影的ＤＶＤ，訂閱人數超過一千萬人。

算不上完美，畢竟你鄰居的目光不可能隨時隨地黏著你。只要拉上窗簾，你就保有私密。數位村落的偵察行動則是不露痕跡、排山倒海而來的，而且無時無刻、百發百中，蒐集到的資訊都被一個沒有肉軀但無所不知的威權集中起來，情節比較像美國著名影集《囚徒末路》（*Le Prisonnier*）的劇情。然而，容許我們強調：私生活像是呼吸，是生活中不可或缺的。國家倫理諮詢委員會主席、生物學家尚—克羅德．亞梅森（Jean-Claude Ameisen）強調：「所謂『私生活』並不是指我們隱藏起來的什麼，而是指非屬公共的空間。我們先需要私生活，然後才能在公共領域扮演自己的角色。從生物學的角度而言，它和睡眠一樣攸關生命存續。個人生活若徹底透明，豈不淪為一種新的宗教裁判制度？所謂『透明』指的是什麼呢？別人把你看穿，所以人們再也看不到我們了？他人讓我們混淆了『正直』以及『透明』兩個概念。我們必須這樣反問自己：要達到正直的境界，唯一的方法就是每天二十四小時受人監視？如果回答是肯定的，那就意味人們發明了『集權式的正直』。」[13]只要聽聽谷歌的大人物如何解釋，一切便昭然若揭了。艾立克．史密特建議：「若要人不知，除非己莫為。如果你沒什麼好隱瞞的，為什麼要擔心人家知道你的一切？」此外，這句話簡直可以充當廢除私生活之世界革命的口號……

你會認為：為了逃開這種擅闖你生活每個隱蔽角落的數位監視，只需離線即可。大錯特錯。就算你不上線，宗教裁判所大法官的眼睛還是盯著你。主要是監視錄影的功勞。智慧型手機（不管開機或關機）不僅隨時隨地都能將人定位、讓人知道位在附近的電話屬於何人所有，且其識別移動路線以及經常出入地的功能結合了人臉辨認功能，也樹立了新的里程碑。為了提升安全保障，人們在私人或是公共區域裝設大量的監視錄影設備。倫敦擁有三十萬個數位之眼，因此堪稱歐洲監視錄影之都。當地警方做了一個小小統計：每位居民每天入鏡次數高達三百次。這些窺視孔也漸漸長出「智慧」：它們先是學會判讀汽車牌照號碼，如今又進一步懂得和資料庫比對，從茫茫人海中辨識出某一張臉孔，甚至從背影認出某人！不必再過多久，我們在大城市中散步時已不可能不被機器定位並且辨識出來。早年哲學家米歇爾．傅柯在《規訓與懲罰》（*Surveiller et Punir*）中描述的那種從高處監視人類的超人之眼，如今矽谷的研發實驗室已經準備將它付諸實現：把智慧型監視錄影設備搬上無線電遙控的無人駕駛飛機！

喬治．歐威爾曾寫道：「黨可以把個人說過或想過的最小細節赤裸裸地揭露出來，然而你內心深處的運作模式神祕莫測，是一個就算你自己也無法理解的地方，是一個永遠不可侵犯的地方。」到了大數據時代，《一九八四》的夢魘簡直瞠乎其後了。如今，電腦程式所創造的虛擬世界攻進了我們的私密領域，將我們行為的隱密意涵揭露出來。這都是巨量資料的功勞，因為這些訊息說明了關於通訊的一切細節：日期、時間、長度、地點……長久以來，這些技術副產品始終被情報部門視為截聽工作過程沒有用的渣滓，畢竟能引起他們重視的唯有偷得走的字詞。直到大數據公司證明了上述資料脈的潛力，直到他們讓先前未識其價值的資料脈變得可以理解，情況才大大改觀。運算處理程式累積的巨量資料透露了電子郵件、簡訊、電話錄音內容以外的其他祕密。無論這是銀行交易、衛星定位、基因測序、選民或是線上租片顧客基本資料都好，這些資料大筒倉中所塞滿的無名氏生活碎屑一旦經過加工處理，即能呈現許多有意義的系統。在不久的將來，我們每一個人身上都將扛著有關自己數百萬筆鉅細靡遺的資料過日子，而且完全不會消失。人類從不曾像現在一樣如此赤裸、如此易於追蹤、如此透明，就算共產黨或法西斯最嚴密的獨裁政權都不曾如此監控每一個國民。誠如谷歌諸位老闆之一的艾立克．史密特預言的：「當你思考未來的希望及挑戰時，你會看到最美好的世界已在成形。」

為進一步精煉資料，美國國安局不久前便採用了一種名為「接觸鏈接」（contact chaining）的新技術。透過行動電話的巨量資料（例如衛星定位、連結的時間點與長度），如今已可勾勒出使用者的心理特徵，然後進而歸納出他們的習慣、他們的哲學或宗教信念、他們隸屬何種族裔。未來有辦法擺脫這一種嶄新的工具嗎？我們不妨想像：不久之後，每個人的資料到處流通，而且付費即可取得，好比加料的履歷表，上面附帶了有關他私生活的訊息以及他心理狀況的深入分析，甚至包括對他職涯中使用的電腦持續進行隨機監測所獲得的成果，以便總結他的專業表現、鑑別他的工作方法以及學識、估算出他的生產力以及體能耐力、蒐集或遠或近曾經與他共事的人對於他的種種評價。

至於追捕賓拉登以及其共謀一事，美國國安局擅自竊取藉由網路傳輸的影像。有種間諜程式大約每五分鐘就會從所有的視訊會議（特別是透過Skype進行的）抓取大量照片，然後再交付尖端的臉部辨識軟體仔細過濾。經電子郵件、簡訊傳送或貼上社交網站的影像也不能倖免。這種收穫之中有相當可觀的一部分是性愛視訊。今天，沒有人可以告訴我們到底有多少人像照被竊取了，還有後來充做何種用途……

艾立克·史密特當頭棒喝指出：「我們越來越難保證大家生活的私密性，其理由是：在當今這個威脅不對等的世界裡，徹底匿名真是太危險了。」接著他又強調：「總不能放任某個恐怖分子在絕對匿名的保護傘下幹出可怕的勾當。」在打擊恐怖主義的共同目標之前，大數據公司和情報系統攜手讓自己的優勢與時俱進。大數據公司產出的巨量資料越多、令世人的生活越透明，他們就賺更多錢，而美國國安局的權勢也就跟著坐大。在不久的未來，將不可能再拿現金付帳。有人認為現金就是來路不明的骯髒錢，或是可資助恐怖行動的東西，所以他們善用這個前提，輕鬆就能鼓吹大家放棄使用鈔票以及硬幣，因為傳統貨幣無助於追溯金錢的流向。自此之後，旅費無法再以現金支付，那麼就容易劃出一個人日常的行蹤圖，而且這張圖也可以交給他的雇主、他的妻子或是他的情婦，總之，願意付錢買就可拿到手。這樣看來，凱雷以及黑石（Blackstone）這兩個世界上最主要的私人股權投資集團——和美國情報部門關係千絲萬縷的兩個集團——難道耗資一百億美元買下NCR公司[4]（生產收銀機以及自動櫃員機的世界第一把交椅）純屬偶然？

正如上文交代過的，說來矛盾，這個所謂比較安全的世界其實越來越不安全了，因為它已整個沉浸在隨時待命的監視中，因為這種監視已悄悄滲入最細微的縫隙裡。地球受恐怖主義荼毒的區域從來不像現在那麼廣大。濫用以科技為基底的反恐手段到頭來經常是無效的。法國國家科學研究中心（CNRS）的哲學研究員格雷古瓦賀．夏馬佑（Grégoire Chamayou）提醒道：「二〇一三年六月，美國國安局的局長言之鑿

4 NCR公司（NCR Corporation，原稱：National Cash Register）是一家總部位於美國喬治亞州德盧斯（Duluth）的電腦硬體、軟體和電子產品公司，主要生產自動櫃員機、條碼閱讀器等。

鑿：實施於電信的監控計畫已成功挫敗了『幾十件恐攻陰謀』。到了十月，他將上述數目調低，改口說只破獲十三件和美國領土有關的恐攻陰謀，最後終於承認：因實行電話巨量資料蒐集計畫而成功遏止的威脅其實少到只有一或二件。換句話說，蒐集了超過十年的電話帳單明細，卻僅揭發一件陰謀而已：聖地牙哥一位居民因為匯了八千五百美元給索馬利亞的某個激進團體而遭逮捕。⓮」每次恐攻過後，情報部門即把未能阻止悲劇發生的原因歸咎於技術不足以及法令綁手綁腳，言下之意即是：監控尚未全面到位。法國二〇一五年一月份恐攻所造成的影響大家都意料到了：當局挹注高達四億二千五百萬歐元在一項為期三年的反恐攻計畫上，而內政部也增聘了一千四百名公務員。此外，立法機構則快馬加鞭通過一項有關情報工作的重要法案，將某些手段合法化，例如：使用間諜軟體與具備距離感測（capteur de proximité）功能的衛星定位系統、在網路公司安裝可以自動揭露「恐攻威脅」的資料運算處理程式。才短短二十年，法國已投票通過十六項反恐法案。有位法國籍的防諜工作者憤憤不平道：「我們正在構築一條數位的馬其諾防線。真正的情報工作不在監視每個人，而是監視對的人。說到恐怖主義，將監視工作加以自動化完全於事無補，當務之急是回歸人工挑揀的舊方法。」

一網打盡式的監控雖然在打擊恐怖分子的工作上乏善可陳，但在政治經濟的面向上卻旗開得勝。誠如二〇一三年十月德國《明鏡週刊》所披露的，美國國安局的順風耳基於和恐怖主義相差十萬八千里的理由，對德國總理梅克爾的手機起了好奇心。據說白宮想方設法要從總理手機的簡訊中獲知，在歐元區危機的過程裡，誰在暗中對她發揮最大的影響力。情報界有人估計，被有「美國順風耳」之稱的「梯隊系統」（Echelon）[5]所吸取的情報中，其實百分之九十都是經濟類的。專門揭黑幕的網

5 梯隊系統是一個以美國為中心的情報蒐集分析網路之俗稱。參與國家是英美防衛協定的五個簽署國：英國、美國、加拿大、澳大利亞及紐西蘭。官方當然沒有正式證實它的存在，而能夠證實它存在的證據也未完全得到官方確認。歐洲議會的報告書指出：梯隊系統毫無疑問存在，它能夠全球性地攔截以公眾交換電話網路、衛星及微波通訊所傳送的電話、傳真、電子郵件和其他數位資訊，並監控其中的內容。歐洲議會批評梯隊系統的參與國利用該系統做出犯罪行為，如侵犯一般平民的隱私權或國家性質的商業間諜活動。

站「維基解密」曾透露：法國最近幾任總統（賈克·席哈克、尼可拉·薩科吉以及法蘭索瓦·歐蘭德）的電話（竟然沒有加密防護措施！）曾遭美國國安局竊聽過，而事後法方雖提出強烈抗議，但最終亦不了了之。美國國安局（尤其針對法國）抓住機會讓大家明白它知道政治階層許多卑劣的內幕，於是，緊張局面很快便消失了。

蒐集來的訊息也有助於查出並壓制抗議人士這種眼中釘、心中刺。谷歌公司承認：二〇一五年，他們將維基解密內部三名人員的Gmail帳戶交給美國政府當局。位在情報部門「射擊瞄準鏡」範圍內的不只是揭黑幕的網站而已。二〇〇八年十一月，英國的「政府通訊總部」（簡稱GCHQ，地位約等於美國國安局）攔截了多個國家新聞記者的電子郵件（特別是他們和總編輯針對撰寫中的文章所進行的討論），並且登在機構的內部網，以供有權限的人員參考[15]。媒體克盡職責所引發的危險，全以白紙黑字呈現在美國國安局的一份文件裡。這份被史諾登弄到手的備忘錄記載：「無論何種媒體的新聞記者和通訊員對於安全而言都是潛在威脅」，那一些「專門調查報導國防議題的新聞記者」尤其如此，因為他們「用盡正式和非正式的辦法，特別是對曾經在國防部門任職的人下工夫，以便獲取原先不准對他們公開的官方資訊」，然後再進一步挑明了講：「種種手段不折不扣都是威脅。」誠如法國對外安全總局（DGSE）前任局長尚—克羅德．庫塞杭（Jean-Claude Cousseran）所言：「情報工作可能戕害民主制度。」[16]

比較令人驚奇的是：這些宣揚人類私生活將消失這番論調的網路巨擘，卻竭盡所能地躲避世人目光。他們所謂的「透明」其實是一面沒有錫汞齊合金塗料的鏡子。美國馬里蘭大學法學教授法蘭克．巴斯卡勒（Frank Pasquale）在其撰寫的《黑箱社會》[17]（*The Black Box Society*）中揭露：社會存在一個受軍事、工業或商業機密保護而越來越難以識透的「黑箱」。他說：「能夠監控別人最細微的一舉一動，但又可以隱藏自己的私密，此即最高級權力的表徵。這是谷歌或臉書等企業的看家法寶。」紀．德博（Guy Debord）在《表演社會》（*La Société du spectacle*）中即已預告：「大家越是談論『透明』就越無從知道誰在指揮什麼、誰在操控誰，還有目的是什麼。」回到法蘭克．巴施卡勒的那一個譬喻上，大數據公司與其以資料餵養的情報部門就像柏拉圖

《理想國》第二卷裡提及之呂底亞王的故事。他們獲得了蓋吉士（Gyges）[6]的戒指，一戴上它便能隱形，別人看不見他們，他們卻看得見別人。蘋果或谷歌只會為和自己同路的新聞記者開啟大門，至於膽敢發表哪怕只是一點異議言論的人，就會被排拒在他們那座天堂之外。美國網站CENT的幾位通訊員不就因為公布了有關艾立克．史密特的資料（薪水、住址、嗜好以及幾筆捐款）而遭谷歌放進黑名單裡，而且期間長達一年之久？諷刺的是，這些資料都是利用該公司的搜尋引擎找出來的。

《駭客任務》所描述的那個世界有一個揮之不去的頑念：確保不會出現第二個打開黑箱並將不可告人的祕密都抖出來的史諾登。從今以後，「人」這一環節被視為應該從情報工作剔除出去的弱項，最好將監控大眾的任務交給那沒有靈魂的機器。畢竟在情報機構裡，在最祕不可宣的核心中，總會有人良心發現，例如「8200編組」（以色列版的國家安全局）那四十三位菁英後備軍人便是。他們在二〇一四年九月聯合簽署了一封公開信，共同譴責當局使用某些手段「控制數百萬巴勒斯坦人」。自動化的監控系統已達到完善的極權形式。

法。

從技術層面看，歐威爾在《一九八四》裡所描述的獨裁已是一種落伍的統治方法。

6 小亞細亞呂底亞王國的統治者，在位期間西元前七一六至六七八年。

第六章

設備醒過來了

「一旦你和某樣設備連結上了，
人家對你的了解會比你指紋所透露的更多。」

艾立克・裴瑞斯（Éric Peres）
國家資訊暨自由委員會副主席
二〇一四年十二月

人家管它們叫「溝通實體」（entités communicantes）。我們日常生活中平凡無奇的設備（例如一盞燈、一張椅、一個垃圾桶、一具電動咖啡機或是一台冰箱）彼此之間進行對話。它們話題只有一個：我們人類。歡迎來到數位長舌婦的圈子。由於感測器和免觸碰智慧卡（類似信用卡或是悠遊卡）大行其道，整個環境都在監視我們的一舉一動。它將那些資料蒐集起來，然後將其傳輸給電影《駭客任務》所描述的那個由電腦程式創造的虛擬世界。我們看到現實被數位化的速度加快了。根據谷歌的估計，在未來不到五年的時間內，全球將有一半的電表會被連結起來，還有一億一千八百萬件的家用電器也一樣。我們的環境中總計布滿了超過二百億個「溝通實體」，到了二〇二〇年更可能超過三百億個。我們已經進入常態連結的年代。數位正在吃掉現實，好比擴張中的宇宙將旁邊的一切都吞沒了。直到今天，若要進入數位世界，你必須先找到門口或通道，例如電腦、平板或是行動電話。大數據公司正處心積慮要盡可能縮小無法上網的區域。馬克·祖克柏已推動一項命名為「潛鳥」（Loon）的計畫，將一萬一千個氦氣球釋放至同溫層中，以便讓全球四十億仍然無法連網的人能連上網。如今，你甚至不需要連網，就已被網路包圍。可以衛星定位的智慧型手機其實只是這個「物聯網」（Internet des objects）的先遣部隊而已，而谷歌那款大做廣告的「谷歌眼鏡」（Google Glass）以及蘋果那款可上網的手表iWatch均是如此。

在這處充滿遠景的迷人世界裡，我們只需眨眨眼睛、動動指頭，設備便會服從我們，並且猜透我們的心願。在這方天地裡，客廳的電燈泡會自動射出我們比較喜歡的藍光，而且光線的強度正好適合我們的心情；椅子認出我們，因此就把自己調整到令我們最滿意的高度，同時它的壓力感測器也測知我們需要伸個懶腰，因此把靠背放得更斜了；然後過一會兒，電子閱讀器監測到我們閱讀的速度慢下來了，這是我們在和瞌睡蟲搏鬥的跡象，於是咖啡機接到閱讀器的通知後開始運作起來，以便為我們準備一杯濃縮咖啡。科技巨擘的論述令媒體聽得如癡如醉，而後者再將這一神奇的未來加以轉述，但說穿了，預言我們將來會過更方便的生活，其實只為從我們身上賺更多錢。「物聯網」僅僅追求一個目標：滿足電腦程式對巨量資料的飢渴，因為那些程式從來不知饜足，好比摩洛（Moloch）[1]的胃口一樣。這就是「多多益善」的邏輯思維，也是大數據與生俱來的饞相。資料永無止境地累積，以便增加一小撮人的財富，同時讓情報機構維持無所不知的狀態。我們以為自己不可一世，誰料其實只像一隻黏在蜘蛛網上的小飛蟲，因為我們行蹤被人偵測、定位、分析。數位企業從我們的習慣掘取附加價值極高的礦，然後轉賣給廣告客戶。他們保證將來讓大家過更便利的生活，其實目的只為了讓我們淪為無法自拔的消費者。人家誘使我們以最快的速度購物，以最直覺、幾乎不假思索的方式購物，彷彿購物單純只是反射動作，也就是行話所說的「瞬間點擊購買」（clic-achat）。亞馬遜公司（全球最大線上購物網站，每天售出的商品高達二千六百萬件）的工程師已經在二〇一五年開發出一個可以安裝在洗衣機或是印表機上的小盒子，用戶只需一個指頭按下，即可透過網際網路訂購洗衣粉或墨水匣。這個被稱為Dash Button的省時利器向我們預告了下一個階段：「智慧設備」能自己下訂單。

1　上古近東一位神祇的名號，信徒以火焚兒童的方式祭祀之。

拜大數據公司之賜，各品牌不費吹灰之力便使顧客成為老主顧。包藏在巨量資料裡面最珍貴的東西其實是所謂的「廣告轉化率」（Taux de conversion）[2]，亦即使潛在消費者變成主顧的或然率。大數據公司提供的這項服務會使廣告客戶甘心拿出大筆錢來買。為什麼谷歌公司也想分食汽車製造業的大餅呢？此一計畫已有許多系列報導以及一篇又一篇迴響熱烈的文章加以著墨。計畫主要目的在於了解一切與駕駛人以及乘客有關的事，例如駕駛習慣、收聽哪個電台或是偏愛的目的地，以便為日後的市場行銷勾勒出被鎖定之客戶的特點。不僅如此，位在谷歌這一條瞄準線上的還有無人駕駛汽車。這項在二〇一一年由山景城這家公司所註冊的專利也是上述計畫的一部分。試想：當您在城區閒逛的時候，您的智慧型手機上跳出一則促銷廣告，而且註明有免費的交通工具送你前往店家（運動用品店、旅行社、餐廳……），資料運算處理程式會根據你的位置、路程動線以及交通狀況為你估算所需要的時間。要是你心動了，離你最近的「谷歌自動駕駛汽車」（Google Car）就會開來載你，然後將你送到要去的地方。

谷歌老闆艾立克．史密特自豪說道：「在未來的新世界裡，你不可能迷路。我們會認出你在的位置，誤差不超過一公尺，然後再進步到誤差不超過一公分。」當然，認得你以及商家兩者所在位置的資料運算處理程式，也會及時比較接送所產生的費用以及登廣告之商家所期待的利潤，而後者也可以根據資料來調整折扣的金額。其實，**Foursquare**[3]公司已經在你手機裡提供類似服務，因為它知道你所在的位置，因此也就知道你平常喜歡出入什麼場所。蒐集到的寶貴資料一旦賣給品牌，品牌便能據此精心製作能將消費者轉化為老主顧的適當廣告。還有，你如何能抗拒「安全性」這項優點的誘惑呢？操縱「谷歌無人駕駛汽車」的資料處理運算程式不會睡著、不會分心、不

2 廣告轉化率是用來反映網路廣告對產品銷售情況影響程度的指標，主要是指受網路廣告影響而發生購買、註冊或信息需求行為的瀏覽者占總廣告點擊人數的比例。

3 這是一個提供用戶定位的社群網路服務，它提供行動裝置軟體和遊戲。用戶可以使用行動裝置或通過傳送訊息等方法，在某個實際的地點「登入」（**check-in**）。每次使用者在新地點報到時，便可以拿到數位獎品或數位徽章作為獎勵，並在未來有機會兌換成實體商品。

會被對向來車的遠光燈照得眼花，而且沒有酒駕問題，也不會錯估了反應時間。

讓無人駕駛汽車行駛於「智慧」城市中，這是大數據公司諸多雄心中的一項。他們也期待建立美好新都會，在那兒，路燈和人行道都會打小報告……二〇一三年五月，法國尼斯啟用歐洲第一條連上資料運算處理程式的林蔭大道，其上的人行道、路燈、垃圾桶等都布滿能夠及時分析交通流量、空氣品質、環境噪音與氣溫的感測器。垃圾桶一旦裝滿就會通知清潔隊，而人行道則根據行人的數量調整照明亮度。此外，市區到處都有「智慧型」錄影機，懂得針對二百公尺範圍以內的人應用讀唇技術。這套以無線網路相互溝通的設備，會將資訊上傳至一部指揮整座城市的中央電腦。

「數據城市」（Data City）是一座政治中立的城市，由電力、數位科技、資料庫與電腦加以治理。區域治理的工作已有一部分交由機器處理，因為一般認為機器較有效率。它比起常因政治議題吵得不可開交而導致效率大打折扣的市議會要好，畢竟光明城市的自我治理是不沾染意識型態的。它唯一關切的是時間與空間的利用是否合乎效益。這種城市沒有公民，只住著消費者，最重要的是讓他們購物盡可能方便。此即完美的商業新天地。這樣正好，因為世界上都市人口越來越多。根據估計，到了二〇四〇年，全球人口將有百分之七十住在都市，較今天的百分之四十增加許多。未來，相互競爭的超級都會將以「智慧城市」（Smart City）為訴求，以便將最富裕的居民都吸引過來。用資訊化的手段治理領土，可讓全球與日俱增的人口密集居住在越來越龐大城市的郊區。從長遠來看，這種超級都會提供了大數據公司所看重的神奇資料礦脈，而且根據估計，二〇一六年為這些「數據地帶」（Data Land）安裝「智慧」城市配備的商機，即高達令人垂涎三尺的三百九十億美元。在這一個均質、透明、規範的生態系統中將孕育出亦是均質而且馴良的民眾。在大數據公司的心眼中，數位化的場所因為受到監控，所以也是個使人安心的平靜場所，因此這門賺錢的服務業在封閉、有安全保護措施且數量迅速增多的居住區中屢見不鮮。

詩人拉馬丁曾經問道：「不動的物體啊，你們可有靈魂？」有的，不過那是監視者的靈魂。甦活過來的物體也加入了專橫嚴格的調查工作。多虧它們，兒童方能隨時處於父母的視線中。服裝品牌Gémo已經推出內含衛星導航示蹤器的兒童大衣。同樣的設計亦應用在書包上。這一些「溝通實體」也動員起來為我們的健康狀況把關。微軟在推出可連網的電子磅秤後，如今又發明「穿戴裝置」（wearables）的名堂，也就是把連網的感測器穿戴在你身上，以隨時記錄與你有關的數據。計算你走幾步、吸收多少卡路里，記錄你心臟每分鐘跳動的次數、你的血壓，評估你的睡眠品質。科技巨擘們因此一窩蜂湧進「電子保健」（e-santé）的市場，而且從現在起到二〇二〇年，其經濟規模估計高達四百九十億美元。最近，製造智慧手環的廠商Withings公司出資贊助一項研究，所得到的結論是：增加每天平均步行數即能明顯降低血壓。這是由資料運算處理程式歸納出的關聯性。這種將個人健康風險加以量化的作法最讓保險業者開心了。美國有一些保險業者開始敦促客戶購置可連網的體重計，目的在提供獎勵給他們當中體重指數最漂亮的。二〇一四年十二月以來，美國的保險公司奧斯卡（Oscar）都會贈送每位客戶一條可連網的健康手環。該公司開發出來的資料運算處理程式會依據每位客戶的條件，計算出他們每天至少必須走幾步路。每次只要達到目標數字，被保險人就可獲得一塊美元的回饋。等到他帳戶的獎金累積到了二十美元，奧斯卡公司就會建議他上合作夥伴亞馬遜的購物網站把獎金花掉。奧斯卡公司的一位共同創立人曾向美國新聞界透露：「要是我們的客戶一直維持健康的狀況，為什麼我們不給他們一點獎勵呢？」……越來越多的保險業者允諾提供各種紅利給「為自己健康著想而願意和公司合作」的客戶。另外一家公司推出如下方案：購買死亡保險的客戶如果願意配戴免費提供的、可連網的健康手環（能藉衛星定位功能自動統計客戶上健身房的次數），即可獲得百分之十五的折扣。該公司也推出一種保險產品：每個月根據所收到的客戶健康評量重新調整保費金額。客戶的膽固醇若在標準值以內而且血壓正常，即可獲得一千贈點。此外，客戶的心理狀態亦列入考量。

把這作法推廣到政府的社會保險補助將是指日可待的事。英國正準備走出這一步。西敏市（Westminster）及其郊區正考慮依據市民上健身房的次數調整社會補助（包括住房津貼）給付金額，這全仰賴對市民智慧型手機的合法監控方能實現。若從全國角度來看，英國政府打算為夠格被稱為「活躍養生夥伴」（「健康二〇二〇」〔2020Health〕此一智庫機構用語）的納稅人減免稅額。可連上網的健康感測器可以進一步提升英國發明的工具程式QALY（意即「生活品質調整年」，是英文Quality Adjusted Life Year的縮寫），而QALY不只計算存活一年的價值，同時也將存活時的生活品質考慮進去。以此一評估工具為基準，當局即可決定是否要在公共財政的架構下給付某一種昂貴藥品。美國數一數二的創業投資家佛瑞德·威爾森（Fred Wilson）高興地評論道：「大數據公司的科技實為政府推行撙節政策時的最佳良伴。」[18]有了那種會將壞公民（其脫序行為會加重團體財政負擔的人）污名化的「智慧設備」，輿論便漸漸滲進了「健康純粹是個人問題」的觀念。這對谷歌及與其休戚與共的公司而言，正是投身健康諮詢（coaching santé）事業的大好時機，不過也加快國家解除此一責任的速度。因為「溝通實體」普及之故，矽谷將讓政府的公眾健康預算消失，而這種預算基本上體現的是社會休戚與共的團結政策。福利國家成了擁抱自由放任主義、推崇「人人為己」意識型態之士的敵人。提倡「減緩經濟成長」（décroissance）觀念的哲學家伊凡·伊利區（Ivan Illich）曾解釋過：任何一種技術如果不再與人類處於和諧的關係，那麼它就變成極可怕的累贅，最終只會羞辱、奴役、擊垮人類，而非對其有所助益。

那麼，又該如何看待由美國一家新創企業所開發出來的「帕夫羅克」（Pavlok）手環呢？當你無法達成對自己所設下的目標時（例如停止吸菸、別咬指甲或者不可晚睡），這種可和你的智慧型手機連通的手環就會釋放一定強度的電流。還有一種「智慧」護耳，它會根據你輸入的菜單分析你嚼食時的聲音和動作，以歸納出你進食的速度、食物的攝取量與吸收的卡路里數。只要你吸收的卡路里超過預設值，「智慧」護耳即開始在耳畔向你說教……關於這種設備，你又有什麼看法呢？我們了解，大數據公司所宣導的自我關懷和古希臘人了解的自我關懷是不一樣的。古希臘人是出於自願而遵循有益肉體和心靈平衡的原則，以便獲致健康生活以及和諧人生，而現代人卻是為了符合一套經統計得出的模範而管控自己的行為。君臨天下的「智慧設備」造成全球性的「標準化紀律」，而這也是哲學家米歇爾・傅柯所疑懼的。所謂的「標準化」便是「使人類及其作為合於榜樣」。或因罪惡感、或擔憂自己逾越了規範，每一個人都變成自己的監視者。事實真相和矽谷那些傑出人物所強調的（「因為有我們，個體才越來越自由」）正好背道而馳。

大數據公司已把圍繞在我們身旁的物品轉化為「溝通實體」，明天有可能會把人類也變成物品。美國有一家創業投資公司已經在實驗一種免觸碰智慧卡：將它植入人的皮下，即可讓他解開電子鎖或幫助他購物後結帳。二〇一五年，一家名為「震央」（Epicenter）的企業已將此種智慧卡植入二百五十位自願的員工身上，最主要的用途是讓他們在員工餐廳吃自助餐時方便結帳。網際網路第三方支付服務商「貝寶」正在研發一種小丸，我們一旦吞下肚後，就不需再鍵入或是死背任何密碼。另外一種玩法就是所謂的「電子刺青」（tatouage électronique）。這是一種由美國研發人員開發、直接貼附在皮膚上的迴路，可以幫助我們監測例如氣溫、心臟每分鐘跳動的次數、白血球的數目或是血壓等等。人類被異化的狀況莫此為甚。竟在自己的皮膚上帶著大數據公司的商標……

第七章

王者之宴

「在這樣的一群人之上，聳立著一個只負責保證他們享樂和照顧他們一生、權力極大的監護性威權。這個當局的權威是絕對的、無微不至的、極其認真的、很有遠見的，而且是十分溫和的。假如說它以教導人如何長大成人為目的，那它就再像父權不過了。但它實際上並非如此，而只是以把人永遠看成孩子為目的。（……）這樣，就使公民終日無所事事，令他們的自由意志較少發揮餘地並且使其減弱，把他們的意志活動限制在極小的範圍之內，使每個公民逐漸失去自我發揮的能力。」

亞歷西斯．托克維爾

《民主在美國》

一八四〇年

二〇一一年二月十七日，大家都到齊了。美國總統特地邀請網路界十四位巨頭到白宮享用晚餐。那天晚上，歐巴馬心裡存著一個想法：如果他能再度當選，將邀谷歌老闆艾立克．史密特出任商業部長。美國行政當局將這場被該國新聞界稱為「王者之宴」的餐敘的兩張數位照片上傳至照片分享網站Flick.fr，此事象徵了大數據公司掌握權勢的轉捩點。由於有一位專精「預測分析」（analyse prédictive）、名為拉伊德．嘉尼（Rayid Ghani）的資訊科學家設計了一套程式，矽谷的幾家公司才能成為二〇一二年歐巴馬勝選的功臣。在一連幾個月的時間裡，大約五十位電腦專家足不出戶，躲在競選總部一個被暱稱為「山洞」的密室裡，專門處理從網路上蒐集來的、主要是網民評論的巨量資料，以便弄清哪些美國人可能把票投給民主黨的候選人。該程式鎖定的目標在於找出每一位應對其下工夫的中間選民，然後利用適當的論述使其投向民主黨。這可說是一種個人化的、最理想的挨家挨戶行銷。早在五年以前，歐巴馬受了大數據科技的協助，曾寄出十二億封個人化電子郵件，最後險勝共和黨的敵手。

這個方法甚至啟發了法蘭索瓦．歐蘭德的團隊，因為他們在二〇一二年法國總統大選時效法歐巴馬的網路戰略，也創立了一個「法式山洞」。

一個多世紀以來，政治人物總離不開民調機構，因為後者會提供他們分析資料，以便讓他們在準備競選文宣時能多少貼近輿論的期待。時至今日，由於大數據公司有能力處理幾十億筆資料，並從中歸納出每一位選民個別的政治傾向，同時預知他們面對某某決定時可能表現的反應，因此，選戰打法已進入嶄新的階段。如今已不需要再採集一千個民調樣本，因為已經可以探知每一個選民信念中最深入的部分。就像歐巴馬勝選的例子一樣，大數據的分析處理程式因為能找出選前仍然舉棋不定的選民，進而誘導其選擇，所以會影響選戰的結果。在美國這一個最大的民主機器裡，其實是巨量資料的主宰們在左右選情。谷歌真的可以翻轉選情？答案是肯定的，而這點你只要讀讀《美國國家科學院院刊》便知分曉[19]。兩位美國研究人員要求被分成三個組別，總計二千一百位澳大利亞人在做假的搜尋引擎中，鍵入二〇一〇年澳大利亞選戰中兩位首相候選人其中一位的姓名。這三組人在前幾頁網頁上看到的分別是對該候選人有利的、不利的以及中立的資料。根據這做假搜尋引擎所導引的方向，任一位候選人的投票支持率可以產生百分之三十七的正面或是負面翻轉。相較之下，傳統媒體對選戰所產生的影響實在是小巫見大巫了。誠如上述兩位科學家強調的，網民更相信他們自己在網路上發掘出來的資訊，同時死心塌地相信搜尋引擎表面上的中立立場，並且越來越不信任報紙所寫的或電視台記者報導的。兩位作者下了結論：引擎搜尋的結果對投票所造成的影響已威脅到民主制度，此外，一個民主國家總統竟然率先認同這種以一網打盡之資料處理為手段的政治市場行銷，此舉說明民主社會已然受到這些數位企業集團的影響了。串流音樂服務巨擘Spotify公司難道不是已經可以根據顧客下載的東西，斷言美國哪一州是共和黨抑或民主黨的版圖了嗎……？

二〇一五年四月，當希拉蕊．柯林頓還在打民主黨黨內初選的選戰時，即聘用谷歌公司「公民革新暨社會影響」（l'innovation civique et de l'impact social）部門主任史蒂芬妮．漢農（Stephanie Hannon），責成她規畫「在數位及社群網路的年代中如何經營和選民的新關係」。漢農領導一支聽命於她、由工程師與程式設計師組成的「大軍」。他們負責開發一些應用程式以便動員選民、增加戰鬥力強的助選員以及募款等。成功乃是意料中事：三個月內即募得四千五百萬美元，這一位美國的前國務卿粉碎了史上的記錄。大數據公司不僅在說服選民方面做出決定性的貢獻，而且在更前面的階段中，因為他們掌握了強大的資料運算處理程式，所以在募款上亦是功不可沒。如今，在美國打選戰所需要的經費不斷膨脹，因此募款一環成了致勝關鍵。在上一次的美國大選中，民主黨的競選經費已攀升至二十六億美元。

資料處理巨擘和政壇的關係顯然不是單向的，因為前者反過來也對自己所押注的「優勝者」有所期待，期待未來能將他們轉化為真正的傀儡。大數據公司知道如何役使政治階級，也明白該從其中獲取何種益處。他們和政府的情報部門結合後，便能夠確保對政界人士的監控。美國國安局的資料運算處理程式記錄了政界人士的一些小祕密和卑劣行為，而且要比當年聯邦調查局那位厲害的局長約翰·艾德嘉·胡佛（John Edgar Hoover）[1]更有效率得多。自從和大數據公司送作堆後，美國情報部門的威勢已高漲到前所未見的強度，但這股力量有可能掉頭反噬孕育它的人。

那些超級跨國公司由於握有權勢而且野心勃勃，因此開始挑戰民選政府的正統性。從長遠來看，他們認為：政壇上那些徹底落伍的、權力化身的男男女女究竟還有什麼用處呢？畢竟大數據公司都已將我們的欲望、要求、期待摸得一清二楚了，而且有自信在我們還來不及說出口前就已滿足這些事物了。這證明了：如今權力已不再握在政治人物的手裡。茹絲．波拉特（Ruth Porat）是摩根史坦利這家如日中天之投資銀行的副總裁，她在二〇一三年婉拒出任財政部副部長一職的延攬，寧可轉到谷歌公司擔任財務主管……這和歐巴馬沒辦法勸動艾立克．史密特接掌商業部長的道理是一樣的。矽谷的強項便是有能力以資料進行治理，避開政治爭論，全心追求營運成績，以資料運算處理的規則取代法律。

1 美國聯邦調查局由調查局改制之後的第一任局長，任職時間長達四十八年，直到一九七二年逝世為止。胡佛生前在美國人民中聲望很高，但是死後有關他的爭議卻越來越激烈。許多批評者認為，他的行為已經超出聯邦調查局的職責範圍。他利用聯邦調查局騷擾政治異見者和政治活動分子，蒐集整理政治領袖的祕密檔案，還使用非法手段蒐集證據。正因胡佛掌管聯邦調查局時間過長且多爭議，自一九七二年起聯邦調查局局長任期限制為十年，由總統提名再經參議院確認方得任命。

美國政府副首席技術長珍妮佛・巴卡（Jennifer Pahlka）在出席谷歌公司內部的討論會時曾熱切表示：一個政府應像網際網路那般運作才是。美國哲學家兼研究員艾夫傑尼・莫洛佐夫（Evgeny Morozov）是科技對社會之影響這議題的專家，同時也出版了《點擊這裡，一切迎刃而解：科技萬能論之謬誤》（*Pour tout résoudre, cliquez ici. L'Aberration du solutionnisme technologique*）這本書名如此一針見血的著作。他在書中揭露資料君臨天下與政治已死的真相：「除了令我們的生活變得較有效率之外，此人工智慧世界也將我們推到一個值得關注的政治抉擇前。既然我們日常行為中已有如此多環節的資料被記錄、分析，為何還要依循法令規章那些非憑經驗而生的步驟呢？明明已經發明了感測器和回饋迴路（Boucles de rétroaction）[2]，為何還需要依靠法律呢？」接著，作者直搗問題核心：「科技難道不是用來幫助我們的嗎？這種新的治理型態有個名號：資料運算處理法規。若要矽谷提出什麼政治綱領，那應該就是這個了。」與其管理起因動機（如此方能激發想像力和勇氣，以應付複雜性），別人卻去控制結果。

大數據公司廢掉了政治。這一場無聲無息的政變力求達到掏空民主實質內涵的目的，只讓它的外殼原封不動地保留下來。如今只剩行政機關行禮如儀，還有被神聖化的選舉儀式。「公民權」已淪為化石字眼，只是古希臘文明的遺緒。昔日在雅典城，公民為一切事務的重心。行使公民權乃是一種標誌生命節奏的日常活動。誠如《空人》（*L'Homme sans contenu*）一書作者、義大利哲學家佐吉歐・阿岡本（Giorgio Agamben）所悲嘆的：「從此以往，『公民權』萎縮成一個法律的術語，簡化成選舉權的行使，且這種選舉越來越像一場民調。」[20]何況我們在西方世界中觀察到的大規模去政治化，更令大數據公司日益興隆，而這些公司一心想壓制公民的特性，只求保留他們作為資料產出之消費者的身分。

當歐巴馬興奮說出「我們擁有網際網路」這句話的時候，同時也表達出一個新的現實：美國的力量如今都藏在該國數位界巨擘的身上。網際網路提供了美國一個神奇

---

2 在某些系統中，為獲得所需之特性或精度，將處理後的輸出返送到輸入構成的迴路。

的機會，非但使它保有世界霸主的地位，甚至使它強化此一地位。現今人類為了能和外界溝通得更快更遠而迷戀連網技術，但也因此形成一張無邊無際的網，地球上發出的一切訊息都被蒐羅其中。歷史上任何的征服之戰應該都不曾造成這樣的結果。其實美國也從不曾處心積慮利用武力侵奪他國領土，他們所在乎的並非征服世界，而是操縱世界。美國的人口占世界總人口的比例越來越低，今天已降到了不足百分之五。他們於是將賭注押在主宰資訊領域的項目上，而且比舊大陸的歐洲領先十五年。美國政府已經適應將權力由政治界移轉到以谷歌、蘋果、臉書、亞馬遜等所謂Gafa的手上。經由這番混合雜化，美國此刻正在產生一種新的實體。此實體聚結了國家機器的利益以及數位企業超級寡頭治理的利益。

網路經濟是全球化的根本要素。沒有哪條國界抵擋得住，且其領導人物期待政治階級以徹底聽之任之的態度對待他們，以便自己能遊走在稅賦制度邊緣，藉治外法權稱心如意地獲利。數據業以及它所滋養的情報工作想必已經不識國界為何物了。二〇一四年，臉書由於財務操弄得宜，所以在法國的年度收入雖高達二億六千六百萬歐元，但只上繳了三十一萬九千一百六十七元的稅金，比它原本應繳的數目少一百零九倍[21]。該公司已被公認為最懂得節稅策略的高手。例如，為了將鎖定法國網民所做之廣告的收入安心納進口袋，臉書特別在愛爾蘭設立了一家子公司，因為該國對公司課徵的稅幾乎少三倍。其他許多科技公司也都對愛爾蘭趨之若鶩。愛爾蘭在稅賦政策上還有一項少有人知的便利：允許跨國公司成立於該國的子公司設籍在境外，例如英屬維京群島等避稅天堂。蘋果公司就是這麼玩的。

愛爾蘭在歐洲鄰國的抗議壓力下宣布取消上述優待，可是那些打「愛爾蘭牌」的跨國公司在二〇二〇年新法上路前，仍然處於寬限期。二〇一五年十月，歐盟執委會宣布蘋果和亞馬遜公司在愛爾蘭與盧森堡所取得的稅務協定不合法。此外，也是在歐洲各民主政府的施壓下，亞馬遜才停止「法國賺錢，盧森堡報稅」的把戲（該公司總裁二〇一五年名列全球第四大富豪，個人財產估計高達五百九十七億美元）。從這角度檢視，我們不難理解為什麼大數據公司都對坐落在任何國家主權海域外之「漂浮城市」的相關計畫興致勃勃，因為那裡根本沒有繳稅這回事。住在那些小島上的人都是因相同的財務利益而群聚在一起。

二〇一五年第一季，蘋果打破一項世界記錄：史上從不曾有哪家企業短短三個月內就賺進了一百八十億美元的利潤，而且該公司目前可動支的現金也是高達史無前例的二千一百六十億美元。由於它的收益基本上都在避稅天堂報稅，所以這一大筆錢都存放在美國境外。美國稅務當局起先也默許這種金流不明的現象，但是後來該國的納稅人覺得蘋果公司太沒分寸，於是國會不得不傳喚提姆・庫克出席一場聽證會。然而這場會最後簡直變成了一齣笑劇。參議院的議員不僅沒有狠刮提姆・庫克一頓，反而表現出為之傾倒的樣子。有位女參議員表示：「我喜歡蘋果，我太喜歡蘋果了。」而她的同事們也紛紛表達自己對於該品牌的「讚賞」。專門研究美國高科技工業的歷史學家瑪格麗特・歐瑪拉（Margaret O'Mara）描述道：「美國真正見識了一場超現實的聽證會，這是美國企業史上最離奇的一刻。」[22]二〇一五年初，歐洲拍桌大罵谷歌濫用它的優勢地位，大罵臉書沒有保護用戶隱私，那時歐巴馬親上火線了。他反擊道：「歐洲並不是真的為了捍衛人民的私生活而教訓谷歌和臉書，那只是個藉口，它純粹為了商業的理由而封鎖這兩家公司。」

史丹佛大學科學社會學家、《數位烏托邦的源頭：從反文化到網路文化》（*Aux sources de l'utopie numérique: de la contre-culture à la cyberculture*）一書的作者佛雷德・透納（Fred Turner）揭露：「大數據公司不要嚴格的法令，因為他們都是比政府更有能力創造更好規範的特別人物。他們也不要外部強加進來的倫理標準，因為他們在倫理上的見解也高人一等。」他們意識型態的底蘊是放任自由主義，是推向極端的市場法則，希望在沒有任何法令羈絆的情況之下買賣一切。現在，開展在他們眼前的是一條通行無阻的路，因為共產主義這個產下無效率、扼殺自由之怪獸的制度已經消失，因為它這個昔日世界唯一另一個意識型態選項已經自體中毒死亡。由於受到了極度貪婪的心態驅使，累積財富已經變成目的本身。今天，世界上最富有的六十二個人所掌握的財富與世界最窮的人口（約三十五億人）所掌握的資源相當[23]，而高踞峰頂的即是身價高達七百九十億美元的比爾・蓋茲。臉書的老闆馬克・祖克柏也於二〇一五年躋身全球富豪排行榜的前二十名，而同一年，手機相片與影片分享程式Snapchat[3]的創辦人、二十四歲的伊萬·斯皮格（Evan Spiegel）也成為全世界最年輕的富豪。二〇一五年七月十八日，谷歌的共同創辦人賴瑞·佩吉和謝爾蓋·布林由於股票增值的關係，各自在短短一天之內就賺進四十億美元。艾立克·史密特曾經預言：美國的高科技初創企業是「貧富差距問題的解決之道」。個人財產據估計至少一百億美元的這位谷歌執行董事長，不厭其煩地向人解釋：谷歌所推出或支持的計畫有助於改善非洲的教育或糖尿病患者的健康……法蘭克·巴斯卡勒提醒我們：「在稅務、競爭法以及保護個人隱私等方面，這些公司之所以能遊走於法律邊緣……」，其實是因為「他們和政府的菁英關係密切」。[24]「矽谷、紐約的頂尖金融階級圈以及華盛頓的軍事情報高層，共同結合為一個越來越緊密的集團。」

這隻三頭怪物為我們設下了一個全面受監控的未來、全然不平等的未來，而它的力量來自於擅長以「極友善的」唯一面目示人。這個從今以後包藏了美國國力的駭人實體即以它所生產的新英雄作為代表形象。比爾·蓋茲、史蒂夫·賈伯斯、賴瑞·佩吉或者還有馬克·祖克柏都是此一故事建構過程的先鋒人物，對他們而言，只要擁有資源以及歐巴馬的「我們可以」（Yes we can），那麼一切將是無往不利。於是，我們就別那麼悲觀。谷歌不就喊了那句企業口號：「別作惡」（Don't be evil）。

3 一款由史丹佛大學學生開發的圖片分享軟體應用程式。用戶可以利用它拍照、錄製影片、寫文字和畫圖，並發送到自己在該應用程式上的好友列表。這些照片及影片被稱為「快照」（"Snaps"）。用戶在向好友發送「快照」時，可以設定一個限制好友讀取「快照」的時間，之後這些「快照」會徹底從好友的設備上和snapchat上的伺服器刪除。

第八章

谷歌殺了我

「僅需單單一次受到他們注意，
我們就能期待抓住他們的心和靈魂。」

艾立克．史密特
谷歌執行董事長
二〇一一年六月

洛思阿圖斯（Los Altos）是加州數一數二最富裕的地方。這個有谷歌總部坐落於其高處山景城的上流住宅市鎮，擁有種滿巨杉與杏樹的寬闊道路，還有一間無法上網的學校。四分之三的學生家長都是谷歌、雅虎、蘋果或是惠普的員工。在矽谷的這處核心地帶，在大數據的地盤上，華德福（Waldorf）學校當局不准校內四年級以下的學童碰觸智慧型手機、iPad或是電腦螢幕。數位界那些善於思考的人小心翼翼保護自己的後代，不讓他們接觸自己為別人小孩設計出來的產品。就舉推特的共同創辦人伊凡．威廉斯（Evan Williams）為例，與其送給自己的小孩iPad，他寧可為他們購買幾百本紙本書籍。在蘋果創辦人史蒂夫．賈伯斯家裡，當家人聚在一起吃晚餐的時候，絕對不能拿出iPhone或是iPad。為蘋果前任老闆撰寫傳記的作家在《紐約時報》上披露：「每天晚上，史蒂夫要求一家人在廚房的大桌前用餐，並且談論書籍、歷史以及其他各式各樣的話題。從來不曾有人拿出iPad或電腦。孩子們看起來都沒有依賴這類設備的樣子。」[25]最近，兒童精神科醫師、兒科醫師、心理學家、教師與正音科醫師藉諸報端聯合呼籲大眾「讓小孩遠離平板電腦」。他們比較那些經常上網與不常上網的小孩之後，列舉一系列不良的影響。當平板電腦成為刺激作用的主要工具，它會「令注意力不集中的現象惡化、造成語言發展遲緩、妨礙因果原理與時間觀念的建立、損害運動機能發展、阻礙社會化的進程」。科學研究指出：長時間暴露於螢幕之前會對認知功能的發展造成重大的負面影響。法國國家健康暨醫學研究院（Inserm）神經科學部研究主任米歇爾．戴穆赫傑（Michel Desmurget）也證實了這一點。

研究人員的憂慮並未阻止一心想要擴張蘋果勢力的史蒂夫．賈伯斯，在自己死前仍不忘責成公司的銷售團隊對小學施壓，以便他們的學生人手一台取代紙本書籍、用以直接閱讀資料的iPad。該公司打的如意算盤是：把學校當作其產品出路的橋頭堡，先讓學童儘早熟悉此一工具，以便未來自己也成為購買者。面對其他平板電腦製造商的競爭，蘋果為坐穩在學校中的地位，也不惜對那神聖不可侵犯的使用規則做出讓步，允許學童在為自己的iPad增加內容時，不需每次都先輸入識別碼。數位電子書的市場是一條驚人的礦脈，因為平板電腦賣出之後還能繼續撈錢。在賣出一億七千萬台iPad之後，蘋果還有豐厚利潤繼續進帳，因為讀者每次下載一本書就得再付費。此外，與閱讀時間相關的資訊也能拿來賣錢。電子書裡其實布滿了會監視你閱讀習慣的軟體。因此，二〇一四年十二月，平板電腦Kobo的製造商（也是世界數一數二電子書的業者以及法國法雅客的合作對象）在仔細分析二千一百萬用戶的資料庫後宣布：購買作者艾立克・澤穆爾（Eric Zemmour）最新一本書的讀者當中，僅有百分之七點三的人從頭到尾讀完，另外，下載前任法國總統歐蘭德前伴侶瓦萊麗・崔威勒（Valérie Trierweiler）作品的讀者中，有三分之一沒有讀完全書。有關讀者選書與閱讀習慣等方面，大數據公司都取得了寶貴的資訊，並且將其轉賣給想進一步鎖定顧客群的出版商與廣告商。法國兩個主要吃到飽的電子書下載網站，便是因為蒐集與閱讀有關的資料而獲得充分的資金，例如YouBoox就向出版商推薦一個可以登入搜尋其客戶特徵資料的網站。

電子書出現後，不僅令書籍的物質特性消失，並且以繁多的超文本連結使作品「增長」、使它「更豐富」、使它「活力充沛」。但是閱讀活動本身反倒被如此多的聲音、影像以及各種註解等附加元素干擾。大數據公司的目的只有一個：延長客戶們連網的時間，那可是「最能獲利的」時間。沉浸在紙本書籍中的讀者乃是遙不可及的，因為沒連上網，所以無法提供任何資料，也就引不起任何生意上的興趣。美國評論家、《網路讓我們變笨？》[26]一書的作者尼可拉．卡爾（Nicholas Carr）即揭發道：「網路企業最不鼓勵人家慢慢地、悠閒地或是聚精會神地閱讀。他們在商言商，巴不得你漫不經心瀏覽就好了。」數位世界的讀者通常是流連網路成痴的人。他像一隻發了瘋的蜜蜂，自我強迫似的一味採蜜，不停地從此一主題跳到彼一主題。他的想法支離破碎，思考行為有如陣陣痙攣。哲學家羅傑－坡爾．德洛瓦（Roger-Pol Droit）警告道：「你的心思反覆處於連結與斷開的過程，屬性彼此不相干的知識領域時時在此雜沓交疊，而且你離不開螢幕、電子信件與五花八門的誘惑，凡此種種都有可能深刻改變你思考與感覺的方式。」[27]最近有人發現：閱讀電子書和紙本書時，人腦受激化的區域並不相同。這證明電子書對我們思想架構的影響多麼透徹。閱讀電子書的人較不容易接受書中的信息，而且其理解力也會受到影響。加拿大亞伯達大學的研究人員曾做過一個深具啟發性的實驗，他們讓兩組受測對象閱讀同一篇小說，結果閱讀「加料」文本的那組當中有百分之七十五的人承認自己跟不上故事的發展，而另外那組只有百分之十的比例。加州大學的心理學教授派翠西亞・格林費爾德（Patricia Greenfield）是兒童發展議題的專家。她明確指出：網際網路的使用越來越普遍，這將會「弱化我們吸收高深知識、進行歸納以及產生批判力、想像力、反省力的本領」。[28]她並非唯一一位憂心忡忡的科學家。加州大學的精神病學教授蓋瑞・斯莫勒（Gary Small）警告：「數位科技目前的大爆發不僅改變了我們的生活以及溝通方式，而且還讓我們的大腦快速、徹底地變質。」[29]有史以來，從不曾有哪種科技在如此短的時間內造成我們感知系統如此大的混亂。

但這正中大數據公司下懷，因為人腦渴求被外界所刺激，所以很容易就淪為獵物。在舊石器時代，「離散」（dispersion）是族群得以延續的條件。三百六十度全方位的提高警覺能讓遠古人類從環境聲響中察覺危險，進而及早採取措施。這種游移不定的注意力能讓他們盡可能接受最多的警示：一個細微聲響、一股新的氣味或是一個可疑動作。若將注意力集中在一個固定的目標上太久，可能招來殺身之禍。有一項著名的實驗「隱形的黑猩猩」(Gorille invisible)向世人證明了:當我們的大腦專注在唯一一項任務時,它對於周遭其餘東西便視而不見。在該項研究中,科學家要求受試者觀看一支籃球比賽的錄影帶,並請他們精確計算穿白球衣的隊員彼此傳球的次數。在那過程之中,竟有一半受試者沒注意到有一位假扮成黑猩猩的球員大剌剌搥著胸穿越籃球場。

人腦既已習慣以接受數位的刺激為樂,就會不斷要求更多。一如農產食品加工業者知道如何迎合我們嗜食肥膩以及糖、鹽的天性,生產出可以讓我們從超市一車車推走的、多於合理需求的食物,數位企業也懂得利用我們大腦非得毫無節制啄食資訊不可的特性。手機上不斷湧入的資訊誘惑造成不自然的刺激,並使我們喪失自制能力,那是一種數位催眠。我們的注意力經常被一大堆通常是雞毛蒜皮的事吸引住,以致我們再也無法集中精神,就像拼圖遊戲散落的拼板。我們喪失思考與集中注意的能力。麻薩諸塞州塔夫茨(Tufts)大學發展心理學教授瑪麗安娜·伍爾芙(Maryanne Wolf)憂心指出:「我們無法走回頭路,我們回不去數位年代之前的那個年代。但是我們不應該在還沒理解自己的『認知庫』（répertoire cognitif）到底因此丟失或是獲得什麼時，便貿然地再往前衝。」深度閱讀的習慣漸漸喪失了。閱讀普魯斯特或是托爾斯泰成為一種自我挑戰，因為這對我們有如蝴蝶東停停西停停的大腦來說，簡直是太艱苦的鍛鍊。賽德希克·畢亞吉尼（Cédric Biagini）所寫的《數位掌控：網際網路以及新科技如何殖民我們的生活》（*L'Emprise numérique. Comment Internet et les nouvelles technologies ont colonisé nos vies*）一書是目前針對大數據公司所創造之世界最成功的批判[30]。他斷言道：「書籍置身網路以及不斷湧來的資訊與誘惑之外，也許是最後幾個反抗根據地其中的一個。」這位評論家解釋：「此刻，紙本書籍更能以其直線性（linéarité）以及有限性（finitude）成為一個擊垮速度崇拜的利器，能讓人類在混亂之中維持協調一致。」如今，人們已不再推敲字詞的深刻涵義，只是留在淺面，像打水漂似的點到為止。網路變成一種將現實加以簡化的機器，簡化對象包括語言在內。原意為「擴音器」的推特（Tweeter）可說是上述毛病最驚人的徵候了：須將思想壓縮在一百四十個字母以下。今天，小學生畢業後，有些人（大部分是上網成痴）只能勉強拿五百個單詞湊合著用。大數據公司那一班操縱木偶的人除了導致語言貧瘠化之外，也不忘縮減語意的多樣性，將我們對於世界的看法予以簡單化、標準化。扼殺批判精神之後，他們也就不擔心人們對於系統的質疑。

學校本來應是進行思考的無法上網空間，也是個播下批判精神種子的對抗場所，如今卻成了大數據公司的好夥伴。法國教育部長娜嘉·瓦羅—貝爾卡桑（Najat Vallaud-Belkacem）義無反顧地一頭栽進她那所謂「以平板電腦發展數位教育」的計畫裡。在初期三年的階段之中，預計挹注十億歐元於這一場數位的大躍進，讓五年級所有班級配備平板電腦，以便達成「讓法國成為數位教育領頭羊」的目標。教師團體並未出現太多抗議聲浪，因為他們希望能藉此重新吸引課堂上學童較長時間的注意，畢竟這是學習過程不可或缺的要素。就像哲學家艾力克·薩丁提醒大家的，教育事業最緊要的就是「提供一種有益的隔離形式」，而紙本書籍正好滿足此一需求。他說明：「就物質面而言，紙本書籍本身是一個封閉性物品，但是卻對知識與想像的一切經驗開放。它將處於一定距離之外的『他性』（altérité）呈現給讀者。它要求讀者全神貫注，而這種態度對思考反省以及知識熟成都是不可或缺的。」《資料運算處理程式管控下的生活》[31]（*La Vie algorithmique*）一書的作者沉痛指出：「政治力受數位工業遊說的壓力越來越大。」接下來便是「電子教師」的階段。從今以後，「磨課師自學課程」（Moocs，亦即 Massive Open Online Courses 之縮寫）將與傳統學校一較長短。這種同時可供幾百萬人聽講的線上「講述教學課」（cours magistraux）將使教師無用武之地。作為創造力與知性對話來源的「人」，如今要被填鴨式的教學以及自動化的知識測驗取代。學校教出來的不再是公民，而是被數位經濟優化的個體，而這些個體充其量只是會批判的消費者而已。

我們在此引述歷史學家兼法蘭西公學（Collège de France）教授馬克・福瑪侯立（Marc Fumaroli）的說法：大數據公司意圖「將人類閉鎖在那功利的、可操縱的量化天地裡。」[32]整個世界全陷溺在即時的片刻中，而這些接續而來的片刻則一概獻給了消費。人類自古以來一直在經歷不同的時間經驗，可是我們生活的此時此刻確實很不一樣。這就是發明「現在性」（présentisme）一詞、世界傑出古希臘專家的歷史學家法蘭索瓦·阿爾托（François Hartog）所了解的：「因為當今這個『現在』只願意在自己的視界中開展，只求自我完足。然而，從某角度審視，『現在』其實包含了過去的一切與未來的一切，且這都是『現在』所需要的。『現在』其實具有『永恆』（éternel）或乾脆說具有『重複不斷發生』（perpétuel）的特徵。」[33]在當今這個時間的樊籠裡，唯一的視界只剩下此時此刻。這代表什麼都沒有。尼采用兩句話就總結了：「所謂『此時此刻』就是：剛剛還在，然後，唉呀，瞬間就遠離了。在它之前是空無，在它之後亦是空無。」線性的時間消失了。網路世界沒有開頭也沒有結尾。大數據公司可以說終結了「歷史發明者」希羅多德的歷史觀。希氏在兩千五百年前寫下人類第一部歷史記述，不僅只描寫事件，而且就像羅傑—坡爾·德洛瓦所言：「回頭追溯造成目前結果的起因。」希羅多德據說為西方文化注入「延續」的概念，那也是一種「同舟共濟」的理想：我們非但是前代人的繼承者，也必須對後代人負責任。我們對未來世代那種休戚與共的情感一旦消失，未來人類面臨氣候巨變時將付出昂貴的代價。

時間軸一旦被摧毀，歷史的參考點一旦被擦掉，我們將會招致混亂狀態，而且沒能力為事件分出輕重、大小等級。如果被剝奪了時間深度，我們每個人都將生活在扁平的世界裡。在那當中，一切都處於相同的基準，一切價值均等。既然當局在歷史教學方面已逐漸以主題式取代編年式的呈現，則提供上述問題解藥的絕對不是學校。不但「歷史」已經無足輕重，就連「故事」（récit）本身亦已崩解。大數據公司也殺掉荷馬。這位古希臘詩人寫出《伊里亞德》與《奧德賽》這兩本在西方世界具奠基地位的故事。這些具普世價值的文本旨在教導世人成為公民，並且建構個體以及社群，可以說是生活學校。在網路那一個無邊無際而且浮動的空間裡，時間之神柯羅諾斯的箭全然不具意義。故事沒有開展，只以不耐煩的狂亂啃食自己。

人類陷於迷茫困惑，在時間中或在空間中都一樣。當我們寄出一封電子郵件時，我們並不在乎對方人在哪裡，收不收得到信才是重點。從今以後，就讓手機或汽車的衛星導航系統告訴我們身在何方、要去哪裡、走哪條路。每個月都有十億人口仰賴谷歌地圖指引方向。誰不曾有過如下的經驗：放任衛星導航系統引領自己，到達目的地之後卻完全沒辦法在地圖上精確指出地點？我們已將引導我們、指揮我們的任務託付給大數據公司了。我們的大腦由於將某些任務「外包」出去，它的功能便退化了。我們的記憶力因為越來越依賴外部協助，所以和方向感一樣，都有退化現象。有一項著名的研究指出：倫敦的計程車司機由於必須牢記整張城市地圖、背熟所有大街小巷名稱，因此核磁共振儀顯示他們的海馬迴（Hippocampe）[1]特別肥厚。我們毫無節制地使用導航系統將會實質改變自己的大腦迴路。在地圖產品計畫報廢（Obsolescence programée）[2]的策略下，史上最早之地理學家埃拉托斯特尼（Ératosthène）[3]與托勒密（Ptolémée）[4]的遺緒已然消失殆盡。在數千年之間，地圖繪製術以及編年史幫助我們建構思想。一旦兩盞明燈熄滅，我們將越來越難掌握環繞在我們身邊的世界。

一旦我們不再知道自己身在何處，我們也將不再知道自己往哪裡去。也罷，大數據公司會代替我們弄清這些事情。我們的神經系統運行起來比數位網路慢上四百萬倍。谷歌公司的共同創辦人賴瑞·佩吉說過：「人類的大腦好比一部過時的電腦，它需要一個更快的處理器與容量更大的記憶體。」

1 人類及脊椎動物腦中的重要部分。目前在有海馬迴的動物身上發現的海馬迴皆成對出現，分別位於左右腦半球。它是組成大腦邊緣系統的一部分，位於大腦皮質下方，擔負短期記憶、長期記憶以及空間定位的作用。海馬迴之稱源於該部位彎曲如海馬的形狀。阿茲海默症患者其海馬體是最先受損的區域，表現症狀為記憶力衰退以及方向感喪失。

2 又稱計畫性汰舊，是一種工業策略，有意為產品設計有限的使用壽命，使產品在一定時間後壽終正寢，通常是保固期限之後，以避免支出保固成本。

3 古希臘數學家、地理學家、歷史學家、詩人、天文學家，其貢獻主要是設計出經緯度系統，計算出地球的直徑。

4 羅馬帝國埃及行省亞歷山大港的希臘作家，同時也是數學家、天文學家、地理學家、占星家。他以通用的古希臘文寫作，著有三部對拜占庭、伊斯蘭世界以及歐洲科學界發展影響頗大的著作：《天文學大成》、《地理學指南》（全面探討希臘羅馬地區地理知識的典籍）以及《占星四書》（嘗試改進占星術中繪製星圖的方法，以便融入當時亞里士多德的自然哲學）。

第九章

0與1的密謀

「總之，我們的基因本來就是一個資訊程式。」

史蒂夫・賈伯斯

蘋果創辦人

在電影《皇家夜總會》（*Casino Royale*）裡，詹姆士．龐德遭遇到一個極難纏的對手——勒．席夫賀（Le Chiffre）。這個數學家出身的罪犯銀行家是一個幹壞事的天才，他說自己「相信效益勝過相信上帝」。大數據公司為了將環繞在我們身邊的世界虛擬化，便將這世界轉換成數字，利用0與1的序列將它編碼。有了這套二進位的語言，電腦便可以消化一切或幾乎一切的東西。世界的記憶從此便以0與1的形式藉由矽加以儲存，文本、相片、聲音或是影片無所不包。短短半世紀內，電腦儲存能力已提升了五千萬倍，而其價格每兩年卻減低一半。在法蘭西公學資訊學教授傑哈賀．貝希（Gérard Berry）的眼中，數位革命已實現原先難以想像的事情：「以一致的方式再現並使用無論其性質為何的一切資訊，消除自古以來資訊種類的區分以及物質載體的區分。」為了吞噬世界並將其消化，谷歌、蘋果、臉書、亞馬遜合體的Gafa這頭貪吃妖怪分泌了0與1的消化酶。以前，音樂都灌錄在黑膠唱片細密的槽紋裡，或是拷貝在磁帶上，而新聞則以油墨印在紙張上，畫作的載體則是塗膠的帆布，電影或攝影作品則保存在抹上鹵化銀的感光聚乙酸酯底片上。從今以後，一切仰賴同一種

0與1的載體即可，而且轉瞬之間即可傳播並無限量地複製、儲存。

由於電腦品質日益精良、價格持續降低而且連網範圍遍及全球，上述革命方有可能發生。今天，一百億台電腦、智慧型手機、觸控式平板電腦以及其他可供溝通的設備，夜以繼日地在交換數位的巨流。大數據公司開發出巨大的管路系統以便流通由0與1構成的新型態黑金。對於數位業的巨擘而言，數字的威力無可限量。谷歌為逃避歐盟反托拉斯制裁的威脅，乾脆將自己更名為「阿爾法貝特」（Alphabet，意即「字母表」），好像故意對歐盟表示蔑視與嘲笑。竟以字母表的二十六個字母稱呼這個從此掌管監督集團一切活動的控股公司！

這個代碼被賦予了一切效能，彷彿讓那混沌般的世界變得可以理解。二〇一〇年，谷歌創造出一個新的科學學門「文化組學」（Culturomique）[1]，此字乃由「文化」（culture）與「組學」（génomique）二詞合併而成。它的目標何在？就是以能分析人類文化演變的資料運算處理程式取代歷史學家。該公司一個結合了語言學家與數學家的團隊，已經特別針對此一需求構想出一種資訊工具，以便過濾谷歌那浩如煙海的數位圖書館。該公司的電腦處理全世界從古至今所有印刷品的百分之四（總計約有五千億字），藉此獲知幾世紀以來詞彙及思考方式的演變，然後再以曲線圖將其呈現出來。例如谷歌分析了自一八〇〇至二〇〇〇年法文中Dieu（上帝、神）一詞的使用情況，結果得知：在一八六〇至一九〇〇年這段期間，該詞使用的頻率急遽減少，之後情況雖趨穩定，但已無法回復往日水準。在大數據公司的思考邏輯裡，唯有「量」才具意義。資料處理的量越多，所獲致的結論越趨近完美，並可被視為客觀的事實真相，因為那是從巨量資料歸納出來的東西。迷戀「數大即是好」之外還誤以為技術絕對中立、沒有預設立場。大錯特錯。資料運算處理的程式畢竟是人腦想出來的，所以便有可能受文化、政治、商業等方面的偏見所影響。不過，對「技術絕對中立」的期待，呼應了對如下這種世界的殷切期盼：「虛化的」（désincarné）、沒有信仰、無須採取

1 指透過電子化文本的量化分析研究人類行為與文化趨勢的計算詞典學方法。研究人員對巨量檔案進行數據挖掘以研究人們使用的語言與詞彙，進而揭示其中反映出來的文化現象。

立場，因此也就沒有理念辯論，遇事只要以激烈的情緒發作應對即可。

打造數位天地的人深信：機器優於人類。由一千億個神經元所構成的人腦相較於每秒可以處理一百萬乘十億次運算的電腦，似乎已經落伍。更何況在當前電腦功能的瘋狂競賽中，有人還宣布將在二〇一八年推出比現在電腦功能強大一百萬倍、命名為「百萬兆」（Exascale）的超級新電腦。為大數據公司效勞的程式設計人員因此歸結出了世界應由電腦統治的結論。這種觀念是受到一九五〇年代出現之「控制論」（cybernétique）學說啟發的，因為根據該學說的觀點，機器比人類更懂得建立公正而和諧的社會。對於社會學家賽琳娜．拉封登（Céline Lafontaine）而言，這不僅強調人類以科技手段掌控自然，甚至連「人類作為世界理性組織者的身分亦受質疑」。[34]於是，源於希臘文 κυβερνήτης（統御術）的「控制論」便賦予電腦更多的複雜任務。機器越來越常代替我們做決定，例如「高頻金融」（Finance haute fréquence）[2]便很能說明人類放棄了自己的權利，以及在決策過程中人類被排除的情況。電腦已經逐漸控制了證交市場，因為華爾街今日有些買賣已有高達三分之二的比例是透過資料運算處理程式自發啟動的。這些在千分之一秒間做出的決定有時會引起災難，例如人們所謂的「閃電崩盤」（flash krach）即為一例。二〇一〇年五月，八千億歐元從倫敦證交市場平白蒸發掉了，原因是有一個交易資訊程式下錯了賣出的指令。我們甚至控制不住那些負責監管我們的機器。最近法國投票通過一項情報法案，允許網際網路業者安裝某些資料運算處理程式，以便偵測出恐攻的威脅。我們該如何看待這些程式呢？基於效率上的考量，這些程式被設計成徹底獨立，因此具備自動學習能力，會自我管理搜尋以及分類的規則，不需再受監督。正因如此，我們完全無從知道這些程式根據哪些標準才將某種行為貼上「可疑」的標籤，因為那些標準是機器在運算過程中自動浮現的。法國最高行政法院認為這種密探程式很有爭議，因此在該機構提出之數位與基本人權

2 指從那些人們無法利用的、極為短暫的市場變化中尋求獲利的自動化程序交易，例如某種證券買入價和賣出價差的微小變化，或者某支股票在不同交易所之間的微小價差。這種交易的速度如此快速，以至於有些交易機構將自己的「伺服器群組」安置到離交易所伺服器很近的地方，以縮短交易指令通過光纜以光速傳送的時間。一般是以電腦買賣盤程式進行非常高速的證券交易，從中賺取證券買賣價格的價差。

的報告書中表示，擔心人們「盲目相信資料運算處理程式提交的結果，以為那些結果必然客觀、不會出錯」，同時呼籲創設〈資料運算處理程式法〉，然而終究徒勞無功。

我們已淪為工具的奴隸，而那些工具如此精進完善，以致我們甚至無法了解其運作模式。這真是名副其實的「黑箱」啊！為這種情況辯解的理由總是：「只要不做壞事，又何必擔心人家摸清我們的一切呢！」問題是：如何定義「壞事」呢？就交由那些整理、分類、加工資料的人隨意加以定義吧！不過，他們完全沒有義務透露自己根據哪一套標準定義好壞。無論如何，機器完全按照自己的邏輯把我們每一個人加以分類。誠如專門研究新科技的哲學家艾立克・薩丁所言：問題在於，人類做決定的自主權已粉碎了，然而，這份包含責任倫理的自主權可正是現代人文主義的核心。「更廣泛地說，這是區分人與人、人與物的差別，而這差別正日益縮小。」㉟

這個只有巨量資料、到處都是巨量資料的世界已被壓縮到一切只准盡善盡美。換句話說，沒有空間給你人類。然而，人類的力量確確實實源自他本質上的弱點和缺失。我們的大腦和電腦不同，沒有辦法無止盡地設想各種組合，他的計算能力是有限的、會出錯的。為了彌補此一缺失，人類開出了「直覺」這一條捷徑。這種下決定的方式乃由感性指引，而後者則同時將才華與不可預測之特性賦予了人類。他的記憶力亦復如是，那如此不完善的記憶力。無論那些打造新世界的人怎麼看，「遺忘」正是滋養人類知性不可或缺的、最根本的要素。巴黎中央理工學院（l'École centrale de Paris）神經科技學研究人員伊德希斯・亞柏坎（Idrisse Aberkane）提醒：「我們的大腦並不是用來記住所有東西的。它的真正力量在於：它因為有能力遺忘，具有靈活特質，所以才能選擇性地只保留自己所需要的東西，並和自己過去的經驗唱反調。」他也說：「谷歌、蘋果、臉書、亞馬遜、百度、阿里巴巴、三星以及微軟單日所處理的資料量大於整個學術界十年所處理的量，所以我們缺的不是資料，缺的是電腦生不出來的東西：創見、概念、想像。」數位的烏托邦一味追求優化，許我們一個無所不包的記憶功能，換句話說，就是在電腦程式中保存我們所作所為的一切痕跡。這種服務可以爭取效率，因此顯然可以拿來賣錢。機器可以代替我們回想，以便我們的大腦解除了這項任務之後可以致力於其他工作。但是，我們一旦把記憶的工作「外包」出去，就會有讓想像力這種純粹的人類專長變質的風險，因為供應想像力養分的是深深烙印在我們大腦中那些感性方面的親身經歷。資料或自動作用從來無法造出一個人。建構人性的毫無疑問是意識、理念、創造力與夢想。當然，資訊亦是建構人性的要素，可是人腦會從資訊摘取知識或者更進一步提煉智慧，這是任何一種資料運算處理程式都無能為力的。超級電腦「百萬兆」消耗的電量約等於三萬人口城市消耗的電量，而發明「相對論」、寫出《戰爭與和平》或是《魔笛》（這些事電腦都做不來）的人腦所消耗的能量，只有上述那超級電腦的百萬分之一。

其實人腦熱中冒險的本能才是優於電腦的關鍵。而這風險，大數據公司想方設法要將它量化，並以統計數字將它鎮住，以便消滅無法預知以及偶發僥倖的成分。不可預知性是絕對的惡。在當代作家佩西．坎普（Percy Kemp）的散文作品《新君王論》（*Le Prince*）中，馬基維利提醒自己的君王：「就算開頭看起來順順利利的，任何事件只要無法預測結果，如果無法從現在起就先預作準備、搶先走在它前面並在發生前就體驗它，那都將是危險之源。」[36]因有巨量資料在手，數位企業等於掌握了政治界夢想的水晶球。風險應該也被評估量化，因為統計出來的數據可以賣給銀行、保險業者以及金融市場。由於社會越來越趨向司法化，上述需求只會有增無減。

大數據公司的邏輯就是：將一切量化、測定、校準以便讓世界更標準化。因此才會出現如下現象：百分之九十以上的智慧型手機都同樣搭載由谷歌研發改良的安卓作業系統、蘋果iPhone全球的銷售量高達五億支、全世界使用臉書的人每天有十億之多。提供服務或是銷售產品如今不需考慮或僅需稍微考慮因地制宜的事，因為那些服務或產品鎖定的是全球的消費者。大數據公司形成了全球化的最終階段。他們心懷熱情加速全球化的進程，因為就像上文交代過的，該現象誕生於美國，而那裡又是各大數位公司總部的所在地。歷史學家尚．塞維以亞（Jean Sévillia）分析指出：「全球化係以美國為藍本而發想出來的意識型態，因此該理論訴求的對象是商業的、透明的、變動的、無根無國界的社會。在這種社會中，金錢重於一切，而且政府天高皇帝遠。」[37]谷歌公司起先高調拒絕接受中國政府開的嚴格條件，但最終還不是看在全球性的利益而屈服，甚至同意讓谷歌商店顧客的資料只儲存在中國當地的伺服器裡。在世界第一大智慧型手機市場中利用安卓作業系統撈取豐厚利潤，這可能性未免太誘人了……

如今，人類已經與其環境一樣，都能被轉換成資料，都能被資訊設備簡化成可測定、可更新修改的數量。大數據公司根據從每個人身上蒐集到的訊息，直截了當造出了數位個體，而且這些分身擁有自己的身分。哲學家羅傑—坡爾．德洛瓦寫道：「在社交網路那不可逆的鋪展過程中，最令人驚訝的絕對是個體出現了新的身分。彷彿我們每一個人除了公民的、正式的身分之外，尚有一個數位身分，而且很奇怪，這種身分可以有好幾個，能讓主人分身有術，讓他同時可以參與多個場合，同時和許多人接觸，無拘無束地實現分身的夢想。那和我們正式身分證件上記載的固定資料沒有任何關連。」[38]大數據公司總是想更進一步了解消費者的期待、勾勒出他們行為的輪廓，因此著手從數位的分身中弄清我們的個性特質。人類於是被簡化成一條條傳輸碼，而系統會根據自己的標準將他們歸入某某類別。這些類別可以包括宗教、政治理念、情緒狀況以及性經驗等，或是還可以包括他的各種觀點（至少是他在各個不同社交網路上表達的那一些）。種種資料終將塑造出個體的一個僵化形象，而且必然是僅存梗概的形象。

我們願意將為世界編碼的這個大到不像話的權力賦予0與1，特別是因為它許給我們一個能讓世界更易辨讀、更加透亮的遠景。然而，這只是數位的簡化作用而已。透過將現實轉換成0與1的步驟，他人為我們製造的僅是一個二進位的世界，而這世界被斷離了「感性」此一最重要的面向。這種簡化剝奪了我們在理解事物之時最必要的根本元素。因為聲稱只要有資料處理程式運算出來的相關係數（corrélation）即讓世界變得可以理解，他們於是就不再回答「為什麼」的問題，他們在乎的只有「如何」。如今他們忽視原因，只對結果感興趣。他們陷入了美國研究人員艾夫傑尼·莫洛佐夫所揭露的「萬能論」（solutionisme）裡，所提出的純技術性答案不從根源解決問題，只求賺進大把鈔票，只求針對此一答案大家容易溝通。他們避免問「為什麼」，因為此舉會導向複雜的現實，而且從原因下手處理更是所費不貲。最後，無論機器吐給我們什麼結果都不重要。數字避免爭論，擋開了探索意義的麻煩。由它發號施令。它將標準強加在我們的身上。

第十章

未來是一個方程式

「大部分人並不希望谷歌回答他們的問題。
他們只想谷歌告訴他們下一步應該採取什麼行動。」

艾立克．史密特
谷歌執行董事長
二〇〇七年五月

有一位警察在旁白中很高興說道：「以前我經常追著犯人跑，如今，他們還來不及幹出壞事就被我抓起來。」曼斐斯（Memphis）是美國犯罪率名列前茅的都市。IBM曾在電視廣告裡宣傳自家那名為「藍色粉碎」（Blue Crush）的犯罪預測分析軟體十分有效。二〇一〇年，該市市政府決定精簡百分之二十五的警政人事，便向IBM請求協助。從那時起，警察在出勤前會先在自己的手機以及車上電腦看到幾張電子地圖，上面標有未來十二小時內可能發生犯罪事件的熱點，而他們也依命令特別注意那些地方。「藍色粉碎」系統係由數學家、專攻大數據的程式設計師以及人類學家共同開發出來。它首先將警方所有的電腦檔案資料悉數網羅，包括警方干預說明、筆錄、報告以及電話錄音謄本，然後資料運算處理程式會將犯罪事件按照日期、地點以及類型加以整理。「藍色粉碎」一天二十四小時都和警方的資訊網路連線，並隨時更新它的資料庫。只要警方輸入新的資料，只要安裝在巡邏車上以及分散在城市五百個點的攝錄影設備傳回新的畫面，上述更新工作便會展開。「藍色粉碎」根據復犯邏輯計算犯罪概率。眼見自己這套保證能以低廉成本減少犯罪率的程式大獲成功，

IBM又更進一步開發出另外一款更尖端的、名為「預測監控」（PredPol）的版本，而且已獲得洛杉磯、亞特蘭大與紐約等城市的警察局採用。資料運算處理程式如今已可將天候導致人類行為改變的因素考慮進去，非但如此，還以需要取得統計上的相關係數作為藉口，把可能犯罪之列冊人口的基本資料考慮在內。美國司法部科學與技術室某位前任副主管只用一個無從駁斥的論據，就將污名化的風險一掃而空：「這些數據資料顯然可能包含偏見，不過今天這些偏見也能以數學的方法偵測出來了。」

歐洲開始仿效「預防性的安全行動」這種處理過去犯罪資訊以確定未來犯罪行為可能何時、會在何處發生的計畫。英國肯特郡的警方已經採購「預測監控」程式。而在德國，「預測技術模型化研究中心」（Institut de technique de prévision par modélisation）的研究人員則已開發出自己的預測軟體「犯罪預防觀察系統」（Precobs），並從二〇一五年起陸續在慕尼黑、紐倫堡、科隆以及瑞士蘇黎世、巴塞爾等城市測試。至於法國，「國家犯罪觀察所」（Observatoire national de la délinquance）已於二〇一六年在大巴黎地區測試一套犯罪預測系統。

在史蒂芬．史匹柏根據菲利普．狄克（Philip K. Dick）所著的同名小說改編的電影《關鍵報告》（*Minority Report*）中，華盛頓特區將於二〇五四年利用précog[1]系統根除犯罪。片中具有預知未來事件能力的幾個突變人正好在自己犯罪前，利用上述能力逮捕了其他罪犯。大數據公司夢寐以求的就是《關鍵報告》所描述的世界。他們在實驗室裡絞盡腦汁要讓「預測監控」系統或是「犯罪預防觀察系統」精益求精，期待有朝一日那些系統不僅預測何時何地將有罪行發生，還能指出罪犯是誰。

因為在歐巴馬競選期間兢兢業業擔負預測分析任務而聲名大噪的美國小天才納特．西爾弗（Nate Silver）興高采烈地指出：「未來是一個方程式。」對於科技工業而言，人類的行為大部分已經注定如此，所以可被預測。為了預測那些行為，今天的數位預言者已經不需要再從咖啡渣判讀訊息，而是請處理巨量資料的軟體代勞。二〇〇七年，美國國土安全部（小布希總統任職期間設立的機構，業務以打擊恐怖主

1 PREdiction of Clinical Outcomes from Genomic Profiles之縮寫，亦即「從基因組資料預測臨床結果」。

義為主）推動一項研究計畫，目的在揪出「潛在的恐怖分子」，也就是今天看起來清白無辜，但明天必然會幹出壞勾當的分子。此一名為「未來特質篩濾技術」（Future Attribute Screening Technology，簡稱ＦＡＳＴ）的計畫所篩濾的不僅只有每個人的行為要素，甚至還包括其肢體語言以及生理特徵。一旦篩濾出可疑分子，電腦程式就會利用臉部辨識技術加以追蹤。「智慧型」監視錄影設備逐漸多了行為分析的功能。這些設備會偵察可疑的動作，包括像出汗這種洩露緊張心情的跡象。在大倫敦市的郊區魯頓（Luton），警察測試了街頭的八支監視錄影機。這些設備都連結到一個可辨識五十種被認定為可疑行為的資料庫，只要一拍到其中任何一種，設備便會自動發出警示。法國的尼斯已有九百一十五台智慧型監視錄影機在觀察行人，這些設備會自動找出特別躁動的人或是在群眾裡長時間靜止不動的人。二〇一一年，歐盟執行委員會推出一項名為「ＩＮＤＥＣＴ」[2]的計畫，以便「研發偵測威脅的解決方法與設備」。至少已有十七個研究團隊獲選，他們努力要設計出能在都會地區監測出「異常舉動」的資料運算處理程式。從今以後，如果有人奔跑、在人群中逆向而行、步行速度較快、眾人皆坐唯我獨站、在店裡繫鞋帶、在機場大廳裡拍照或是戴著風帽，都會被電腦視為可疑人物。在該計畫中負責科學領域的協調人達黎伍・嘉福里拉（Dariu Gavrila）會以同一套論調向外界保證：「自動化的智慧系統要比真人操作更客觀、更不會歧視。」不過，連上行為分析攝錄影機之後，資料運算處理程式正神不知鬼不覺地塑造我們在公共場域裡的行為新規範。如果你不依從，就得冒一個風險：在電腦的記憶體裡被貼上「可疑」的標籤。

蒐集到的巨量資料並不只用於及時了解個體的私密願望而已，它還是滋養預測分析的肥沃土壤。有了這套新的方法，大數據公司雄心萬丈地期待有朝一日能夠預告偏差行為，例如偵測出自殺或是犯罪動機。他們所持的理論是：從起心動念到付諸行動的過程中，很少有人不流露出跡象，這種多少會反覆發生的現象正好是提供資訊的

2 全名為：Intelligent information system supporting observation, searching and detection for security of citizens in urban environment。

源頭。

就像電影《關鍵報告》所描繪的情節，我們慢慢走向將意圖加以定罪的階段，這一種趨勢是由反恐行動助長起來的。九一一事件之後，由美國國安局所擎舉的反抗大旗已破除了一項禁忌。人們以打擊恐怖主義為名，觀念已從「有沒有罪」提升為明顯比較主觀的「危不危險」，而這新的觀念則像油漬一樣擴散開來。例如法國最新的反恐法就引進了「犯罪意圖」的概念。如今只要發現某人有犯下攻擊案的意圖，那就可以將他繩之以法。司法機構採納預測性的證據辦案，因為大家認為大數據的工具已臻成熟。如今，處罰的重點已從罪行本身轉變為犯罪意圖。如此一來，當局便躍躍欲試要搜尋所有可供使用的數位資訊以便揪出罪犯。為捍衛情報法，時任法國內政部長的貝赫納·卡茲納夫（Bernard Cazeneuve）不也推行以機器自動辨識恐怖行為特徵的策略嗎？刑法原本奠基在有證據方能定罪的精神上，如今這精神已經摔個粉碎。曾通過會考取得大學私法暨犯罪科學學門教師職銜的米黑伊·代爾瑪斯—馬赫提（Mireille Delmas-Marty）憂心指出：「如今人家不從目標去找資料，反而是從資料去找目標，

『危險性』（dangerosité）此一指標已納入預測未來的範圍中。」[39]

大數據公司把我們推進去的這個懷疑的年代，被認定為能夠消除世界的動盪，然而發生的事卻與期待正好相反。作為大數據公司安全業務實驗室的美國其實是世界上數一數二暴力的國家。人口僅有四十萬的紐奧良市，二〇一五年第一季就記錄了九十二件凶殺案，竟和人口多達二百萬的巴黎地區二〇一三年一整年發生的凶殺案件一樣多。當地持續攀升的謀殺率是巴黎的四十倍。數位界的跨國公司為讓我們放心，建議使用他們開發出來的資料運算處理程式，以消除上述不穩定狀況的風險，惟須支付專利權使用費……米黑伊．代爾瑪斯—馬赫提直指其中潛在的危機：「預測某人必會付諸行動或是偵測他的動機，這是斷喪人性的手段，因為不確定性是人的特質。如果沒有這層不確定性，我們再也不必為任何事情負責。」

大數據公司的新商機便是兜售「預測」服務。谷歌同樣也利用自家的搜尋引擎儘早偵測出流行性感冒的發源地。在利用五億次運算找出爆發流行病的地區中四十五個網民最常輸入的關鍵詞之後，位在山景城那家公司的分析師便設計出一套系統，能搶在所有人之前偵測出城市或街區中流行病起始地點。這對藥商而言是多麼寶貴的資訊，因為他們就可以及早將藥品送到最適合的藥局裡。谷歌也將業務觸角伸到不動產市場裡。他們的引擎在大量分析網民的網路搜尋行為後，便能夠預測隔月價格的漲跌，比起美國房地產仲介公會的預測更快更準。目前，谷歌投資向全世界最大的線上房地產交易平台Auction.Com投資五千萬美元，打算利用這套預言術賺進利潤。同樣，英國伯明罕大學資訊工程的研究人員也宣稱能從我們智慧型手機移動路線的資料，預測每一個人未來二十四小時將身在何處，而且誤差不超過二十公尺。大可把這種預測某某值得注意的顧客何日何時將路過門口的訊息賣給商店。奇拉・拉定司基（Kira Radinsky）這位人稱「網路皮媞亞」（Pythie）[3]的以色列女數學家曾說：「想要賺錢就得提早六個月預作準備。」她更聲稱：利用她發明的一種資料運算處理程式即可預測金融市場的崩盤或是暴動的發生，準確度高達百分之九十。她經營的初創企業「銷售預測公司」（SalesPredict）每天向各領域的大企業提供市場預測的服務。

為了讓自己的水晶球亮起來，大數據公司就必須排除我們日常生活中的不確定性。哲學家羅傑—坡爾・德洛瓦指出：「從今以後，目標便是消滅風險，以便建立一個據稱是全面而且永久的幸福世界。大家夢寐以求的就是風險能被控制、征服的新天地，亦即風險完全被根絕掉。」然而，如果想要用盡一切手段摒除風險，我們又再度冒了抹除人類模糊難以預知此一固有特質的風險。人類心靈因人生的不可預知而變得豐富，當他面對偶發事件時，創造力才能被激發出來。誰都知道，美洲大陸之所以被發現是因為克里斯多夫・哥倫布計算錯誤。亞歷山大・弗萊明（Alexander Fleming）因注意到一種殺死了他所培養之葡萄球菌的黴而發現了盤尼西林。物理學家亨利・貝克勒因把鈾鹽撒在感光底片上，然後湊巧發現底片竟像曝曬過陽光那樣能夠顯影，因而發現了天然放射的現象！人類的演進其實是靠一連串不受控制之偶發事件的刺激才成就的。父母雙方遺傳密碼組合起來的結果實在無法預測，這和受0與1操控的數

3 古希臘阿波羅神的女祭司，居住於帕納斯山上的德爾菲神廟。她以傳達阿波羅的神諭而聞名，被認為能夠預見未來。

位決定論正好完全相反。0與1難道不也串通起來，以方程式處理機遇中最教人驚奇的雙人邂逅嗎？專門為人介紹合適對象的線上紅娘網站Parship在廣告中說：「因為愛情非由巧合而生。」使用Parship、eDarling或是其他線上撮合程式可能產生如下場面：你才剛開完管理會議走出來，手機便通知你，有一個符合你期待的女孩或男孩正好閒來無事坐在幾條街外的露天咖啡座喝咖啡，於是你馬上取消工作午餐以便單獨和對方獨處。

從今以後，資料運算處理程式甚至會決定我們要和什麼人接觸。這便是「社群網站的觀念，例如臉書便開發出「邊際排名」（Edge Rank）[4]的資料處理程式來衡量會員和會員間的親近程度。最近，法國臉書的負責人洛杭．索利（Laurent Solly）曾說明臉書所關注的便是「讓您只和您認為親近的人士或企業互動」。可是這有一個缺點：若是不斷只和與自己類似的人物來往，即無法產生理念的融會，而且人的心靈封閉起來，見解僵化，期待網路成為對話的場域變成了妄想。人家賣給我們的是如何以最少時間換取最大效率的方法，據說這是維持強勢競爭力的保證。作家伊斯梅爾．卡達萊（Ismaïl Kadaré）[5]談及自己的作品《夢之宮》（*Le Palais des rêves*）時指出：「長久以來，我一直想建構一個地獄。」在一個想像的國度中，無所不知的行政當局夜以繼日地蒐集國民所做的夢，然後加以篩濾、分類並且詮釋，藉此能看出王國的未來。

我們正把解夢還有預測未來的過大權柄讓給大數據企業……

4 「邊際排名」是臉書判斷訊息重要性的演算法，根據訊息與誰有關聯、與哪種類型有關聯、在何時有關聯，由這三種因素相乘來決定該關聯的分數，所有關聯分數的累計就是該訊息的「邊際排名」。

5 阿爾巴尼亞當代著名詩人、小說家。二〇〇五年獲布克獎。其作品被譯成四十五種以上的文字。他是歐洲數一數二的作家，曾獲提名諾貝爾文學獎。

第十一章

時間之主

「科學正造成一場災難：在人類史上首次產生以不同方式各自演進的兩類人。」

伊斯拉艾．尼桑

歐洲生物倫理學論壇發起人

二〇一三年十二月

牠的頭有黑白相間條紋，眼睛上方一個黃點，美國國防部對牠情有獨鍾。棲息在北美森林裡的白喉帶鵐（bruant à gorge blanche）體重僅有三十公克，但在遷徙的時候卻能夠整整七天七夜不睡覺。軍方極想洞悉這種耐力的祕密，因為他們希望士兵也能睜著眼睛連續執勤四十小時。

大數據公司在形形色色的領域中和美國五角大廈合作，其中征服睡眠也是他們專心從事的項目。對於數位界的跨國公司而言，我們睡覺之際就是完全暫停，無法連網，不能產生任何利潤。睡覺不利收益、妨礙工作表現，也是致富的絆腳石。我們只要醒著，縱使不買東西，也會生產出有利可圖的私人資料。於是，大數據公司裡那些當家做主者就設法誘發全球性的不眠狀態。因為他們，我們才會不捨晝夜消遣娛樂、探聽消息、議論、交流、消費。每年，我們的睡眠時間好像雪曬太陽那般融掉了。二十五年以來，法國人因此每天損失十八分鐘可以幫助我們恢復體力的休息時間。睡眠縮短的現象直接與資本主義的發展與新科技的誕生密切相關。美國的評論作家約拿丹・克雷里（Jonathan Crary）在《24/7．晚期資本主義與睡眠的終結》（24/7.

Le capitalisme à l'assaut du sommeil）一書中抗議這個「一週七天／每天二十四小時開放」的年代，因為這使我們變成時時刻刻處於活躍狀態的工作者與消費者。他說：「如今，侵奪人類休息時間與恢復體力時間的代價，已經高到當代資本主義的結構無法承受得起。」最後，作者一針見血下了評論：「因此，如果我們把生命一大段時間用來睡覺，從那假性需求的泥淖中抽身出來，這簡直是人類對當代資本主義貪婪本質最大的冒犯了。」[40]睡眠幾乎快變成不正常的事。社會新標準要求我們不斷處於活躍亢進的狀態，生命須如江河之水時刻流動，要將分秒利用到最淋漓盡致。每段空檔時間（例如排隊等候、佇立地鐵月台或在兩場約會之間）都須填滿。數位工業發明的所有可連網設備以及各式各樣的程式，無不在呼應此一需求，都是為了把我們留在市場內。這些工具的另一個目的是提升我們的產值。蘋果和臉書以企業應全心全意將時間效益最大化為名義，想出了為女性員工冷凍卵母細胞的服務。如此一來，她們可以將初為人母的年紀推遲至四十歲以後，以便使自己的職涯最優化。公司會送給她們每人一萬五千五百歐元的保險，以便將來支付高齡產婦需要醫療手段協助生育的費用。女

性主義者對該項措施大為激賞，因為這些公司在女性員工最有衝勁的時候吸收她們的活力以及創造力，這正是她們的智能被認定達到巔峰的時候。

這裡也流露出人類可被完美化、科技可以解決一切問題的理念。疾病、衰老甚至死亡都將不再是形而上的問題，因為這些都可以用生物學結合資訊的方式加以克服。谷歌首次跨足生物科技領域的時候，是為了改善自家搜尋引擎的功率。當時，該公司嘗試在電腦中複製人類智能網絡的運作，以便開發出具有自學能力的程式。法國數一數二最早研究人類基因組測序的先鋒洛杭．亞歷山大（Laurent Alexandre）總結大數據公司的觀念時說道：「未來的人將像一座網站那樣，而且永遠是個『貝塔』[1]版本，也就是一個注定要永遠不斷自我完善的原型機體。」[41]身為時間之主的大數據公司已經處在有能力延長生命的階段。二〇一四年七月，谷歌搜尋引擎的共同創辦人

1 Bêta版本是軟體最早對外公開的版本，由公眾參與測試。一般來說，Bêta包含所有功能，但可能有一些已知問題和較輕微的程式錯誤（BUG）。該版本的測試者通常是開發軟體之組織的客戶，他們會以免費或優惠價錢得到軟體。

賴瑞・佩吉因此宣稱：「谷歌打算將死神安樂死。」該企業創立了「加利福尼亞生命公司」（California Life Company），其發展主軸即是在二〇三五年之前將預期壽命拉長二十年，在疾病尚未出現任何一點徵候前就加以治療。「加利福尼亞生命公司」計畫研發一種含有奈米微粒的丸劑，讓人吞下後可以偵測出血液中癌症或心血管疾病的生物化學跡象。若偵測出毛病，該系統使用者的手環上便會顯現螢光警示。為了將此一防微杜漸的超早期診斷推及所有疾病以及細胞衰化，谷歌已先為一萬名自願者進行基因組測序，然後再於其身上裝置感測器。谷歌藉由如此蒐集來的資料，期待能像自己說的那樣：「測出我們需要知道的神奇信號，透過這些信號，我們可以及早知道自己生病，進而將其治癒。」[42]這家跨國企業最近和美國生物科技業巨擘Biogen公司簽訂合約，目的無非在於抓住未來基因預測的市場。谷歌的投資基金管理三十億美元的資產，三分之一集中在保健領域，特別是投資了一家由它兩位老闆其中之一的妻子所創立的基因檢測公司。顧客只要提供唾液樣本並且支付費用，「23與我」（23andMe）[2]就能從他基因組的特徵資料判斷他將來是否會罹患阿茲海默症或帕金森症。從二〇一五年開始，「23與我」已開始將這些別人無償提供的基因組資料轉賣給製藥公司，明天過後，誰也無法阻止他們將這些資料拿給保險公司，而公司將會根據顧客基因的特徵調整他們的風險溢價（primes de risque）……

谷歌X實驗室（X Lab）是該公司位於舊金山南邊山景城總部的祕密實驗室，坐落在向美國國家航太總署承租六十年的一塊土地上。避開外界目光在裡面工作的都是經過精挑細選的一百五十位生物工程師、醫生、基因學專家。該處嚴禁閒雜人等出入，尤其謝絕新聞記者採訪。就在這裡，就在生命科學分部裡，谷歌正在勾勒明日人類的樣態，那將是生物時鐘被調慢了的人類。在期待破解老化機制的同時，該公司

2 位於美國加州山景城的一家基因技術公司，其名稱源自於人類的二十三對染色體。23andMe推出利用唾液檢測個人基因組的技術，曾被《時代》雜誌評為二〇〇八年的年度發明。二〇一三年，在美國食品藥品監督管理局（FDA）要求下，23andMe曾暫停提供健康相關的檢測報告，而只提供溯源基因檢測報告。二〇一五年十月，在獲得FDA認可後，23andMe開始重新提供健康報告。自二〇一四年起，23andMe還在加拿大與英國銷售個人基因檢測服務。

希望能搶得未來電子保健這個估計有十兆產值的市場。目前覬覦這片樂土的還有蘋果、微軟、臉書、亞馬遜以及其他企業。今天，例如IBM公司賣給醫療保健專業人士的軟體「華生」（Watson）已經能夠診斷出某些癌症，效率比腫瘤學專家還高。明日，「華生醫師」也許會取代傳統醫師的位置。

可是，大數據公司懷抱一個未曾正式承認的雄心：將來要把「生命點數」賣給擁有足夠財力的人。世界新寡頭政治的在位者將耗費鉅資購買這種寶貝。「生命點數」將成為最高端的奢侈品，比送給自己一支一百萬美元的手表、購買一艘一百七十公尺長的遊艇、把一架波音七四七改裝成私人噴射機或花費二十萬美元登上太空繞一圈等手筆更加豪奢。為了進行回春醫學的研究，大數據公司成功募集的款項已經超過十億美元。靠著這座金山銀山，谷歌已經開始招募全世界最頂尖的抗衰老醫學專家。這是壟斷的布局裡最後一步棋。人類一大部分的財富與資源集中在一小撮人的手中，接著我們最後剩下的一項平等（凡人皆有一死）也將崩解了。到時候就是徹底的不平等。傑出醫學教授、產科醫生、歐洲生物倫理學論壇發起人伊斯拉艾．尼桑（Israël Nisand）

預告道：「直到目前為止，知識的進步總令全體人類向前邁進。因此，過去三十年來，經過我們共同的努力，平均壽命每年都延長了三個月。今日，某些富可敵國的富豪正汲汲追求一個憧憬。明日，如果科學服務的對象不再是全體人類而是少數的人，那我們等於把人類分成兩組，每一組的發展各自不同。我們將改變人類的命運。」[43]

大數據公司陶醉於自己的無所不能，他們已陷入了過分的自信。這種極度的傲慢又受到著名的「摩爾定律」（Loi de Moore）所滋養。該定律是英特爾（Intel）創始人之一的戈登．摩爾（Gordon Moore）在一九六〇年代資訊世紀的起始階段所訂立的：電腦以及處理器的計算能力每十八個月應會提升一倍。這有點像造出了一個會吞噬掉周遭一切、將其轉換為0與1，並使世界之複雜性解體的數位黑洞。甚至生與死的循環亦涵蓋其中。二〇一〇年時任谷歌執行董事長的艾立克．史密特不就在一場研討會中公開說過：「如果我們肯花心思認真去做，相信我們能夠補救全世界的問題」？對於古希臘人而言，極度自信與傲慢乃是萬惡之首，那是超越命運中庸之道的強求，那是顛覆命運。想要占有一切好處，這是希臘聯軍首領阿加曼儂「越多越好」的思維，但是最後他在《伊里亞德》所描述的特洛伊戰爭中，因為貪婪而造成家人的不幸。如今，大數據公司瘋狂投身於競賽中，耽溺於科技的傲慢之中，一心要將可能的界線推向更遠，甚至包括生死的那一條。最精於科技專制議題的社會學家賈克．艾呂勒（Jacques Ellul）提醒我們：「為各種領域劃出界線乃是社會以及文化的組成要素。人類是在學會享受自由之後才開始有能力自我約束。」[44]《伊里亞德》和《奧德賽》能成為奠定西方文明的敘述文本絕非偶然，因為它們傳播了普世的價值。為了保有自己的人性，主角奧德賽不願意永遠活命。海之女神卡呂普索（Calypso）為了將奧德賽留在身邊，提議讓他具備「凡人不曾擁有過的特質」——長生不老。可是這位希臘人的英雄拒絕被禁錮在永恆的當下，因為時間一旦凝結不動，抉擇變得不再重要、勇氣變得沒有意義，人生的目的只為長壽而長壽。奧德賽寧願吾生有涯並拒絕傲慢，但也因此保住了自我的認同。他認同的是一個接受自身一切的清醒心靈，此一心靈接受自身弱點，但是這弱點亦是人類力量的源頭。

因為妄想長生不老而失去節制，這便是伊斯拉艾．尼桑指出來的人類所面對的致命風險。他說：「一小撮人將能夠擅自獨享這個過分的特權，而這點將改變全體人類，因為人類有可能喪失『吾生有涯』的感受，而這感受正是進步的原動力。為了從自己的弱點中求生機，人類學會預作準備，也是地球上唯一能如此做的。這種預作準備的能力使他成為世界上唯一意識到自己會死的生物。」[45]

大數據公司不僅企圖終結死亡，而且打算引入機器特性創造新人類，其目的在於推出在體質與知性上均具備「超人」能力的「強化人」。軍方是率先進行「強化人」試驗的單位。五角大廈正一頭栽進「外骨骼」[3]的研究，以便創造出超級士兵。因此，美國的步兵試穿一款衣褲相連的高科技套裝。這種彷彿人體第二層皮膚的服裝係由智慧布料裁製而成，能夠仿效腿部肌肉與肌腱的運作，讓穿戴的人輕鬆攜帶五

3 外骨骼是無脊椎動物外殼的俗稱，因為堅硬有如骨骼，因此得名。如蝸牛的殼、螃蟹的殼、昆蟲的角質層等。將此概念運用於人體則發展出附著於人體外部的「人工智慧」：為穿戴者提供保護，並根據人的肢體活動來感應、伺服、驅動機械關節重現動作，用以提供額外的動力，幫助使用者跑得更快、跳得更高、負重更強。

十公斤的重物行走非常遠的距離。當年最早研發網際網路的「國防高等研究計畫署」（Defense Advanced Research Projects Agency，簡稱DARPA）如今也開始生產一種運用奈米科技、能讓突擊隊具有「超人力量」的鎧甲裝。二〇一四年二月二十五日，歐巴馬在白宮公開介紹該計畫時曾興高采烈說道：「我們正在建造鐵人。」這套鎧甲裝「塔羅斯」是根據希臘神話的典故命名的：天神宙斯部署多個名為「塔羅斯」的銅人用以保護他的情人歐蘿芭。這種裝備附帶一頂「擴增實境」[4]的頭盔，能夠讓穿上它的美國海豹突擊隊隊員負重超過一百公斤。「國防高等研究計畫署」也和某家私人公司設計出第一支靠神經衝動控制的人工手臂。為了幫助波灣戰爭、伊拉克戰爭與阿富汗戰爭的殘廢軍人，五角大廈大量投資在智慧義肢的研發上。這種直接受腦部控制的義肢可說是科技的登峰造極之作，它可以抓取一顆雞蛋而不至於將其夾碎。仿生義肢（無論手臂或腿）已經預示矽谷那些懷有超人類主義思想的人所引頸盼望的事，亦即人與機器融合成一體。服膺此一理論的人認為未來那種融合必不可免，因為這是機器人技術、生物基因學、奈米科技、神經科學與資訊學匯集後的必然結果。轉捩點將是他們口中的「技術奇點」（Singularité technologique）[5]，預計到二〇四〇年左右，人工智慧將會超越人腦。當今谷歌公司的研發部門主管即是此一學說的信徒。二〇一二年，被公認為全球數一數二優秀的人工智慧研究者雷・庫茲維爾（Ray Kurzweil）加入有名的谷歌X實驗室，任務特別是協調統合一些研究工作，研究主題是能模仿人腦運作的人工神經元網絡。在他的指揮下，谷歌在短短半年間就花了二十億美元買下八間頂尖的人工智慧公司。

在蘋果這一邊，據說在四年內該領域的研究人員即增至四倍，而且僅僅二〇一五年一年內他們就聘用了八十六位專家，負責研發能透過「自動學習」（autoapprentissage）

---

4 透過攝影機影像的位置及角度精算並加上圖像分析技術，讓螢幕上虛擬世界能夠與現實世界場景進行結合與互動。這種技術約於一九九〇年代提出。隨著隨身電子產品運算能力的提升，擴增實境的用途也越來越廣。

5 技術奇點是一個根據技術發展史總結出來的觀點，認為未來將要發生一件不可避免的事件：技術發展將會在很短的時間內發生極大的、接近於無限的進步。之所以稱為奇點，就好比物理學上引力接近無窮大時產生黑洞的物理屬性一樣，已經超出一般正常模型所能預測的範圍之內。

而自我進化的電腦。有人已經開始構想所謂的「生物」電腦——能以真人遺傳密碼運作的電腦。目前，全世界約有十五間實驗室正在測試一種微處理器，其中的矽會和幾十億個去氧核醣核酸小段進行混成。這種大腦和機器的結合據稱能讓電腦不停地重新設計程式，因此便可能無限提升自己的能力，甚至超越人腦最高一千億神經元的上限。賴瑞·佩吉斷言：「如果全世界的資訊直接連上你的大腦，或是你的大腦附加一個更有智慧的人工大腦，你的生活篤定變得更好。」[46]在生物電腦開始出現之際，我們的灰質似乎不管用了。我們的生命太短暫，大腦學習的速度又很慢（而且還耗費掉我們能量的百分之三十），所以大腦恐怕不再具有競爭力。在超人類主義者的眼裡，人體應該就像一部不堪用的舊電腦。硬碟才剛充滿，主機已經開始老化……

照這樣看來，能讓我們的神經元運作得更有效率的好辦法，似乎是將它和矽緊密連結起來。何不藉此增強我們的記憶力呢？這個名為「恢復活躍記憶」（Restoring Active Memory）的計畫，乍看之下會以為它的首字母合併RAM是指電腦的「隨機存取記憶體」。發起此一計畫的是「國防高等研究計畫署」，根據官方說法，其目的在幫助頭部創傷的軍人恢復記憶，而方法則是利用腦內植入物刺激大腦，以便它將新的記憶加以編碼。在二〇一三年十一月的一份文件裡，該研究計畫署具體指出：藉著刺激大腦的某些區域，那些相同的腦內植入物也可以用來提升學習能力、增快反應速度，甚至管理情緒。

超人類主義者被過度的自信沖昏了頭，乾脆打算將人腦移植到電腦裡。為了宣傳自己的理念而設立「奇點大學」（Singularity University）的雷．庫茲維爾最近宣布：「我們的論證將融合生物學與非生物學的思想。我們將會逐漸融合並且改善我們自己。」出錢贊助這所奇特大學的人，包括幾家大數據公司裡那些當家做主的，當然有谷歌的賴瑞．佩吉以及謝爾蓋．布林，但也包括世界首屈一指線上支付品牌「貝寶」的共同創始人彼得．蒂爾。自從二〇〇八年以來，已有二千五百名學生出入過這家位於谷歌公司總部所在地的大學，其中包括銀行家、建築師、企業主或是跨國公司的領導階層。經過一星期的理論薰陶之後，如此多的「學生」就像大使一樣分散到全球各地宣揚奇點大學的論述：科技萬能論能幫助我們解決一切問題，但前提是不能加以限制。曾經擔任過雅虎副總裁、現今負責奇點大學全球發展事務的沙林姆·伊斯瑪依（Salim Ismail）就宣稱：「公權力沒有本事理解持續快速發展的科技，因此才傾向於阻礙其進程，但這樣做根本沒用。」

大數據公司那種自由意志主義的意識型態，建立在徹底的個人主義之上。他們不計一切代價爭取科技進步，唯一的行為準則便是「人人為己」。日裔美籍哲學家兼經濟學家法蘭西斯·福山（Francis Fukuyama）憂心指出：「再經過兩個世代，生物科技給予我們的工具，讓我們可以完成以前社會工程學[6]專家無法辦到的事。屆時，我們將已廢除目前樣態的人，所以就永遠終結了人類歷史。從那時起，將會開始新的歷史，人界以外的歷史。」[47]

6 在電腦科學中，「社會工程學」指的是通過與他人合法地交流，以使其心理受到影響，做出某些行為或者透露一些機密資訊的方式。

第十二章

全面失業

「未來的目標就是全面失業。因此我們就能遊戲。」

亞瑟・克拉克

科學小說家、未來學學家

二〇〇八年逝世

「給我紫色的球。」時間是二〇〇八年春天，地點是法國土魯斯（Toulouse）法國國家科學研究中心的「系統架構分析實驗室」（Laboratoire d'Analyse et d'Architecture des Systèmes）。身高一百五十七公分的機器人HRP-2看看桌上放的一顆紅球和一顆綠球，然後回答：「我沒看見。」實驗人員堅持：「繼續找。」HRP-2轉頭看看左邊、再轉頭看看右邊，仔細觀察整個房間之後，終於瞥見放在一個櫃子頂端的紫球。機器人緩步走向那件家具，然後舉起一支手臂，可是球的位置太高，它拿不到。接著，HRP-2踮起腳尖。研究人員見狀全都難掩興奮之情，因為這個人造人剛剛通過了考驗。它為了解決難題，於是啟動植入它體內的資料運算處理程式。接著，HRP-2一時失去平衡，眼見就要跌倒。不過，它轉瞬之間將左手臂向後擺動，又將右腿向前跨出。這個機器人了解到，為了恢復平衡狀態，它需要做出校正的動作，於是自行解出平衡的方程式。時至今日，該計畫的主持人尚—保羅．羅蒙（Jean-Paul Laumond）回憶起當時的情況仍喜不自勝地說道：「事先並沒有人教它這個反射動作，它體內並沒有輸入這種程式。」二〇〇八年的那一天，人工智慧的研究向前邁進了巨大的一步。

HRP-2的例子讓我們見識「肢體協調智能」（intelligence corporelle）的存在。這種智能能讓人類以自動模式控制自己的動作，如此一來，不再被資訊塞得滿滿的人腦，便有餘裕專注處理例如語言或推理等比較複雜的任務。

從第一代真空管電腦到現在資訊革命產生出的這款「智慧型」機器人（如同科幻小說想像的一樣）為止，七十個年頭過去了。此款機器人乃是人工智慧最令人歎為觀止的形式，而且將會顛覆我們的生活，影響力比網際網路還要大。這種「矽質」（*in silico*）智慧乃是受「可進化之資料運算處理程式」（algorithmes évolutifs）所支配。之所以稱其為「可進化」，那是因為創造的靈感來自生物進化的概念。上述那種可進化的程式植入了HRP-2，也植入了金融、法律以及醫療診斷的分析軟體。巴黎中央理工學院的神經科技學研究人員伊德希斯．亞柏坎解釋：「今天，人類已創造出一種新的軟體。它會自行解決問題，但卻不向人類說明它是如何找到方法的。這些資料運算處理程式具有完美的原創性，不但自行解決問題，還能找出新的方法。假設法律賦予它們權利，它們可能要自己去申請專利了。〔……〕從理論上看，它們可以逃離我們的掌控，畢竟一個可進化程式可以進化得比人類理解它的進化還快。」[48]

我們知道，機器人已經和人類爭奪重複性質的工作。波士頓顧問集團（Boston Consulting Group）預言：「未來，一個國家地區的競爭力取決於它機器人化的程度。日後能吸引製造商投資的國家，將是擁有更多程式設計人才以及較佳之機器人基礎設施的國家。」台灣為高科技公司代工的大廠鴻海集團，已經在它的工廠裡安裝擁有多根指頭的關節機械手臂。這種設備可以處理僅有頭髮三倍厚度的零件。該集團引以為傲的目標便是將來能取代一百萬名特別雇用來製造iPhone 6手機的中國工人。大數據公司正大量投資在機器人市場，這可是一個名副其實的黃金樂土，因為根據歐盟執委會的估計，到了二〇二〇年，僅僅服務型機器人（robotique de service）的市場產值即高達一千億歐元。亞馬遜花了八億美元買下美國物流機器人專業公司吉瓦系統（Kiva Systems），以便讓自己發貨中心的「智慧」裝卸車成長十倍。為了再度提升公司機器人的效率，亞馬遜總裁傑夫·貝佐斯（Jeff Bezos）於二〇一五年舉辦一場競賽，希望創製出一款先進機器。這款機器除了能夠辨識一包餅乾或一件玩具並將其輕巧地從貨架取下來之外，還必須能將其裝進正確的包裹中。傑夫・貝佐斯同時也希望能實現以無人駕駛飛機送貨的夢想，而且已在美國進行相關測試。谷歌也忙著收購其他公司，目前已買下了梅卡機器人技術公司（Meka Robotics）以及日本的Schaft公司，前者最擅長製造與人類一起生活與工作的機器人，後者則是推出兩腳機器人以幫助清理福島核電廠的那家公司。此外，谷歌還收購一些專精於關節機械手臂或3D視覺系統的頂尖初創企業。更令人驚訝的是，這家位於山景城的公司竟然也吞下了「波士頓動力」（Boston Dynamics）這家和五角大廈合作無間、專門製造軍用機器人的公司。已有真正一系列的動物大軍掉進了谷歌荷包，例如替代步兵運送重物的四腳機器人「大狗」（Big Dog）、奔跑速度全球最快（可達每小時五十公里）的四腳機器人「獵豹」（Cheetah），還有負責偵察任務的機器人「野貓」（Wild Cat），後者像一隻動作迅捷的貓，可以跳躍、掉頭轉身或是直角拐彎……

從今以後，擁有人工智慧的電腦便在就業市場上和人類正面競爭起來了，甚至在一些複雜的功能上取代人類。直到最近，那些功能尚被認為只有人腦可以勝任。二十年後，美國可能有百分之四十七的工作會交給智慧型機器代勞。這是英國牛津大學兩位研究人員在二〇一五年九月針對七百零二種職業所做調查的結論。隨著人工智慧越來越進步，機器人將會壟斷技術性的工作。目前已經出現所謂的機器人新聞記者，其實這是一種會及時自動上網抓取訊息的資料處理運算程式。它會將訊息的內容串聯起來，然後撰寫金融或是體育方面的時事新聞。如今，機器已不再僅僅滿足於充當人類的副手，它們已經取代人類。白領階級所遭遇的將漸漸和藍領階級先前已經遭遇過的一樣。企業配給管理幹部每人一台手提電腦，讓他們可以到處工作、隨時工作，這便是將如下的口號發揮到最淋漓盡致的地步：「用人越用越少，做事越做越多。」在一個「開放空間」（open space）裡，任何雇員都沒有固定的辦公場所，這正是此種空間之終極階段「行動辦公室」（bureau nomade）運作的邏輯，如果哪一個雇員離職了，其他人也幾乎察覺不到。

熊彼得所提出的膾炙人口理論「創造性破壞」在許多經濟學家看來已經不管用了。根據那項理論，技術的進步會消滅不合時宜的工作，並且創造出其他更創新、更有價值的工作。目前已發展出另外一種「創造性中斷」（disruption créatrice）的邏輯，柯達公司和Instagram的變化最能闡釋這套邏輯。一九九六年，生產拍立得相機的龍頭柯達還是一間雇用十四萬名員工、股票市值高達二百八十億美元的大公司，但是到了十六年後的二〇一二年，該公司因為轉向數位領域的計畫失敗，只能提出破產申請。在同一年，將手機照片分享應用程式商品化、且只有十三名員工的新創公司Instagram則被臉書以七億一千五百萬美元的價格買走……到了二〇一四年，當市場上出現即時通訊應用程式服務WhatsApp這個競爭對手時，祖克柏立刻拿出一百九十億美元的高價將其吃下。數位企業已經造成一種新型態的徹底壟斷。有些產業（例如音樂、影視以及也許很快就會受波及的出版）都因數位時代的來臨而崩解。過去十年來，音樂產業從業人員的數目僅剩二分之一。繼Gafa之後，如今又有代表網飛（Netflix）、愛彼迎（Airbnb）、特斯拉（Tesla）以及優步（Uber）的所謂NATU冒出頭來。他們不但造成職位大量流失，而且令現有的工作變得不穩定。這些人際直接溝通的平台使買賣雙方間的中介者再無存在的必要，而且把雇來的員工變成靈活度超高的「合作夥伴」。工會退場，如今的一切公司說了算。計程車司機的夢魘Uber公司只雇用大約一千個員工，卻創造高達一百億美元的年營業額。至於Airbnb則變成旅館業集團的直接競爭對手，它在法國這個主要市場只雇用二十五名員工，年營業額也高達八億美元。二〇一五年十月，亞馬遜宣布願意雇用臨時送貨員，條件是在手機旁待命，接獲通知立刻出發，時薪大約二十美元。最近，專營送餐到府服務的新創公司在法國各主要城市大批出現。只有幾位職員在這些公司裡，利用資料運算處理程式操控在外奔忙的所謂「自雇」的送餐人，然而後者根本無法享有社會保險也沒有工資單。這種能將價錢砍下來的「優步化」（Uberisation）讓消費者在誤以為提高自己一點購買力的同時，加速了社會的脆弱化。

網際網路以及智慧電腦向我們勾勒出經濟共享、團結一致的美好遠景，但這個數位烏托邦卻被一個全然唯利是圖的生意眼光消滅了，而受益的只有越來越富裕、越來越強勢的超級跨國企業。根據波士頓顧問集團的調查：到了二〇二五年，社會由於自動化的關係，勞動力的總成本將減少百分之十六。誠如經濟學家丹尼爾·柯恩（Daniel Cohen）所言：數位是「一種零成長的產業革命」。[49]根據他的看法，數位化導致半數的職位岌岌可危，中產階級首當其衝。無人駕駛汽車、3D印表機、智慧翻譯機、無人駕駛遙控送貨（送信、護送）飛機、法律諮商機器人或是醫療診斷程式等，將蒸發掉許多職位，而且遠遠無法確定產業創新能否像過去一樣彌補職位的流失。目前，數位科技所造就的新職業並無法滿足世人對它的期待。

更糟糕的是：谷歌把人類的語言教給了機器，也教它如何從影像探測情緒，如今又要將該公司的研究成果植入軍用機器人的樣機，以便創造出「社交型」的機器人。為朝此一目標邁進，該公司於二〇一五年八月在一場公開的展覽會中，介紹一款由波士頓動力公司設計之改良版「文明的」戰士機器人。早在二〇一三年，艾立克·史密特就寫道：「今天，真正最有趣的工作在於設計出有能力辨認人類動作並做出回應的機器人。」[50]在我們這老化的社會中，有個大到教人難以置信的市場正為「機器人」或是「合作型機器人」（比方為老年人設計的醫療保母）敞開。除了安養中心以及醫療保健機構之外，大數據公司也期待「夥伴型機器人」能在一類缺乏關愛且上網成癡的人那裡取得巨大進展。口號都已經想好了：「一個機器人勝過臉書一百五十個朋友」……這類機器人將具備隨和的個性，是根據其主人的性格、習慣、品味與期待量身設計，而這些細節則是從他持續不斷產出的各類資料總結而來。這種機器人提供的是人際關係的代用品，但是它被抹除一切複雜面向，無法提供知性上的討論對話。在不久的將來，這種不可或缺的東西還會進一步加深「數位人」（*Homo numericus*）的孤獨。目前，這類「夥伴型機器人」的售價是三萬歐元，未來隨著它的價格逐漸降低，一定會侵入我們的日常生活。諷刺的是，解雇員工的決定就和面試後聘用的決定一樣，都將可能交給機器人來做，因為根據最近明尼蘇達大學和多倫多大學所做的一項研究，資料運算處理程式會比招聘人員更加可靠。上述的研究人員指出：「總之，人類最好還是讓機器做決定吧。」我們打賭，在未來那個充斥人型機器的世界裡，真正的奢侈應該是：在你家裡服侍你的不是一個機器傭人，而是一個真人。

在一切都數位化、自動化且工作機會越來越稀少的世界裡，機器人的來臨會使「科技業失業」的情況惡化為全面失業的終極局面！屆時剩下的工作將是要求創意或是人際接觸之高附加價值的工作。經濟學家努里埃勒．魯比尼（Nouriel Roubini）預言：未來只剩百分之二十的勞動力，每週工作一百二十個小時，這樣就足以維持全世界的經濟活動。大數據公司已經預期到這種改變，並為那剩下的百分之八十失業者設想「普遍收入」（revenue universel）的方案。此一乍看之下既慷慨又合乎人道精神的理念，被那些自由意志主義的信徒不遺餘力地加以捍衛，而大數據公司正是大方出錢推廣這種思想的金主。一旦支付終身年金給不事生產的多數人口，人們便能平息醞釀暴動叛亂的那種不公義感受，而且受諸多法規限制的勞動雇傭制度也將走入歷史。

以自由意志主義意識型態為基底的大數據公司希望法規越來越少、國家分量越來越輕，如此才能夠達到他們將財富集中在一小撮人手中的目標。而在這過程中，他們將會使「福利國家」這個令其憎惡的觀念變得落伍，因為即使他們已做了財務最優化的規畫，這種國家制度還是讓他們繳了太多的稅金。資料運算處理程式以及人工智慧機器能實現高生產力的驚人利潤，究其原因便是機器人了。一旦機器人的產值達到與購置它、保養它所需的費用相等——換句話說，就是它償還了製造它所需的勞動力之後——就會開始帶來利潤，更何況它不需要睡眠、不需要度假，因此上述的利潤又更可觀了。在工人薪資不斷增加的中國，機器人只要過了一年多的時間便開始產出盈餘。為了保有生產力之利潤所累積出來的驚人財富，大數據公司的老闆想出了名為「無條件基本收入」（revenue de liberté）的竅門。為了籌措這份「薪水」的財源，他們的構想是：花錢購買二十五億網民上網時所留下來的部分資料（截至目前都是無償提供）。時機也成熟了。根據哈瓦斯通訊社二〇一四年九月三十日所發布的一份民調報告，百分之三十的法國人已準備賣出自己的個人資料。在年齡層較低的樣本中，有百分之四十二的人願意透露更多有關自己私生活的資訊以換取金錢報酬。二〇一四年十月，紐約布魯克林有位藝術家做了一個實驗以喚起大眾保護個資的意識：三百八十位紐約市民甘心將自己的姓名、住址、指紋以及社會安全號碼交給他，只為換取……一塊肉桂甜餅。自動化所帶來的生產利潤中，有一部分會再以降低商品價格的方式回饋出來，其目的在增強「無條件基本收入」受益者的購買力。3D印表機是整個循環最後的重點，因為使用者只需要購買原料和電腦輔助設計軟體，即可在家自行製造產品。消費者搖身一變成為「產消者」（prosumer，英文「製造者」（producer）和「消費者」（consumer）的合體字）。將來，事物的價值不會還在薪資裡或在物品裡，而是在資訊裡，那藏在大數據公司數位保險箱中的資訊。

一小撮世界級的菁英將來必然會決定什麼免費、什麼需要付費，「免費」顯然是「可容許性失業」（chômage tolérable）的必然結果。此一情況應會形成一種新的社會組織，成員皆是能夠免費滿足自己基本需求、同時享受基本上由大數據公司免費提供休閒方式的失業者。而相對地，後者則默許財富集中在受保護地點的隔絕特區裡。這種可被接受的普遍性失業將是無可避免，因為人工智慧只要哪裡可行，哪裡就會取代人腦智慧。大數據公司勾勒的世界將負責填滿我們的心靈、使我們有安全感，並使我們準備接受一個新文明，一個工作及生產都將逐漸讓位給機器人的新文明。

加州大學物理暨宇宙學教授安東尼．埃基爾（Anthony Aguirre）預告道：「控制超級電腦的社會菁英將突然發現自己掌握支配其他人的絕對權力。」[51]此外，他也提出另一種危險：「從長遠來看，機器可能從人類手中奪走權力，操縱人類、奴役人類，接著為何不乾脆消滅人類呢？大家很少反思，只一味給研究人員壓力，要他們一直加快腳步。」軍用機器人的出現已違反了以撒．艾西莫夫（Isaac Asimov）「機器人三定律」[1]的第一條：「機器人不得傷害人類。」這些戒律早在七十幾年前就已提出，目的在於防範將來機器人技術對人類造成災難。於二〇一四年初創立「生活前景研究所」（Future of Life Institute）以反思人工智慧對我們生活造成何種衝擊的安東尼．埃基爾，建議大家應當限制數位腦的功率。矽谷的一位當紅人物伊隆．瑪斯克（Elon Musk）也意識到了上述的危險。他是多家公司的老闆，其中包括名列世界前茅的太空發射公司Space X。Space X即曾贊助「生活前景研究所」多達一千萬美元。為了持續不斷跟上該領域最新的研究成果，伊隆．瑪斯克也投資了幾家專攻人工智慧的新創公司，因此他公開宣布道：「我希望人類不要啟用超級數位智慧的生物程式，然而不

---

1 出生於俄羅斯的美籍猶太人作家與生物化學教授。他的創作力豐沛，產量驚人，作品以科幻小說和科普叢書最為人稱道，為美國科幻小說黃金時代的代表人物之一。「機器人三定律」（Three Laws of Robotics）是他在機器人相關作品以及其他機器人相關小說中為機器人設定的行為準則。

幸的是，這情況越來越有機會發生」[52]。著名的天文物理學家史蒂芬·霍金也擔心同樣的事，因為在他看來，大數據公司想創造「思考機器」的頑念最後「可能會敲起人性喪鐘」。依照他的看法，「思考機器」有可能擺脫人類束縛並且自我改良。他警告道：「到那時候，受制於演進緩慢這項生物特質的人類將無法與其匹敵，因此失去優勢地位。」

一旦打開人工智慧這個潘朵拉的盒子，姑且不論是好是壞，大數據公司都將導致人類與機器人的競爭。皮耶·布勒（Pierre Boulle）[2]在自己的小說《人猿星球》中讓某一位角色說道：「在那座姊妹星球上，一切都很完善。我們利用機器完成最簡單的工作，至於其他工作則馴養人猿，使之代勞。與此同時，我們不管在體魄或知性方面都已不再活躍積極，甚至連童書也引不起我們的興趣。而這時候，牠們則在觀察我們。」

2 法國小說家。布勒的作品多為科幻題材，以其改編為電影的《桂河大橋》（一九五二）和《人猿星球》（一九六三）兩部作品而聞名。

第十三章

我消費，我打怪，我遊戲

「鎖定個體的技術將如此完備，以致若要世人觀看或是消費某種並非為其量身訂做的東西，那將是難上加難的事。」

艾立克．史密特

谷歌執行董事長

《金融時報》

二〇〇七年五月

七十萬名網友一直到兩年後一篇科學文章發表時，他們才發現自己在不知情的狀況下充當臉書的白老鼠。在二〇一二年一月的某一週之內，此一社群網站在嚴格保密的情況下進行了一個名為「社群網站間情緒感染的實驗證明」（Preuve expérimentale d'une contagion émotionelle à travers les réseaux sociaux）的小型實驗。為了達到此一目標，臉書乾脆在「生活動態時報」（fil d'actualité）欄動了手腳。七十萬名網友被平均分成每一組大約二十幾萬人的三個組，每一個組都閱讀了主要分為正面、負面或中性的資訊。資料處理運算程式分析了這些不知道自己被納入實驗的網民留言，結果顯示：資訊的調性可以改變網民的情緒狀態，甚至影響他們的行為。那些被大量灌輸正面資訊的網民會寫下包含正面字眼的留言，因此，實驗證明：大數據公司透過社群網站能誘發群眾持久的情緒狀態。這次全面而徹底的實驗在法律上完全站得住腳，因為大家知道，在加入臉書的時候，使用者都已按照契約同意將私人的資料讓渡給該公司，而根據契約的說詞是：目的在於分析資料、進行測試以及研究並改善服務品質。

大數據公司想藉此了解我們的情緒，以便越來越容易掌控我們，喚醒沉睡在我們心中的消費欲望。臉書是業界數一數二最早投資被稱為「深度學習」（apprentissage profond）之資料運算處理程式的。該程式能在一篇文章中根據字的次序、字的語意功能與字的上下文偵測出該文章的情感。這類新一代的資料運算處理程式能夠從巨量的數位資料中或從電子郵件、相片、影片或某位網民的個性中獲取訊息。其終極目標在於察覺期待，甚至預測期待。為了教導電腦掌握人類情緒所有的細膩面，臉書聘用了法國人揚·勒坎（Yann LeCun），他是該領域全球數一數二優秀的專家。他以巴黎為根據地，領導一支約由四十人組成的研究團隊。這位「深度學習」的先鋒教導機器許多技巧，其中包括如何從數位資料中勾勒出個體間的情感鏈。

大數據公司那令人無法抗拒的吸引力在於迎合我們的欲望。他們比老大哥還強，簡直是「好娘親」！這位娘親一心一意要讓我們幸福快樂，所採用的手法雖然獨斷但又溫柔，因為她對個體的控制並未違反他們的意志，而是以他們的默許為前提。誠如精神專科醫師賽吉·艾菲（Serge Hefez）所言：「好娘親比你更了解你自己，在這點上你永遠贏不過她。無所不能的『畸怪娘親』很是駭人，讓我們這些孩子同時感覺恐懼與著迷，因為她滿足我們所有的需求、預知我們的願望、猜透我們最私密的心思，並且在我們生活上鉅細靡遺地以溫柔與堅定的態度指引我們，一切都為我們能過得最好。」[53]大數據公司已先摸清網民的深層意圖，然後在其下意識裡激發一時無法滿足的需求，如此一來，他們的購物欲望就會被啟動。需求不會事先存在，那是發明新物品的技術誘發出來的。不管這物品有用、沒有價值或是危險，反正大家已不再掌握主導權。在世界最大的書店亞馬遜裡，負責接待你的員工名叫「以項目為基礎的協同過濾」（Item to item Collaborative Filtering）。一個高效的資料運算處理程式可以推薦你一本你想都沒想到的書，所用的話術是「您應該也會喜歡……」。為了洞察你的心思，「以項目為基礎的協同過濾」會仔細地分析處理你以前的訂購記錄、瀏覽歷程、你對某本書的評論、你的國籍、你的母國甚至你上網地點的天氣情況，然後再拿這一切去和與你相似之消費者的習性進行比較。這樣一來，資料運算處理程式便能評估出它想鼓舞你買的那本書，其內容是否和上述消費者喜歡之作品的內容相似。換句話說，在書店販售的三百萬種書籍中，人家只會將你引到極小部分的貨架前，但那裡的書籍可是資訊程式大費周章翻找出來、被認定當時對你胃口的東西。

有些軟體程式會告訴我們該讀什麼書、該聽什麼音樂、該看什麼影片、該吃什麼，還有該到哪裡去吃。有了電子書後，別人又能更進一步探知你個人的閱讀習慣，因為書中的間諜程式不僅能知道你讀了哪些書，還能精準知道你不喜歡書中的哪幾段，因為你只粗略瀏覽或是乾脆跳過。你的腦袋受到串流下載之影片或音樂的重複侵擾。就以蘋果為例，它擁有全美國最大的音樂資料庫，裡面收錄十一萬筆可供下載的資料，並且對於顧客的音樂嗜好瞭若指掌，甚至根據他們聽取的片段推斷他們的心情，真稱得上是民眾情感的晴雨計，同時令舊式的廣告顯得落伍。至於臉書，它還真該向每天按「讚」多達三百萬次的顧客道謝，因為小小指頭點擊下去代表他們喜歡送到眼前的內容。以前那種用廣告大規模宣傳的作法不流行了，因為過量可能招致反效果。從今以後，能釣到消費者的魚鉤是隱形的，人們咬餌的時候甚至看不見餌。你才剛剛表達願望，立刻就獲得了滿足。

大數據公司也照顧到我們不耐久候的心境。在這個時間被極度壓縮的時代裡，一切的等候都難以忍受。我們彷彿變回少年，說要就要，完全無法推遲滿足欲望的時間點，而大數據公司千方百計一直滿足那些欲望，以便維持「我們無所不能」的幻象。此即佛洛伊德筆下那有名的「欲求幻象」（hallucination du désir）。只要滑鼠點擊一下就可獲得一切，這支魔法棒甚至讓「努力」的觀念消失了。我們因受到「一直要更快」的想法催眠而迷失自己。社會學家兼法學教授齊格蒙·包曼（Zygmunt Bauman）解釋道：「我們距離遠古比方像斯多噶派或懷疑派的哲學十分遙遠。對他們而言，幸福的理想典範是不斷持續的自我精進。如今我們寧抄捷徑，不願努力、不做長期工作、不做沒有成功保證的辛苦活兒。」[54]

好娘親由於代我們做了選擇，便把疑懼連根拔除掉了。正是這份疑懼將我們建構起來，同時也讓我們藉此成長。為了獲取更多舒適，我們寧願享受較少自由，這是溫和版的專制制度。資料運算處理程式將我們的數位天地人格化，讓它變成了一盞阿拉丁神燈，但也造成我們知性上的怠惰及好奇心的萎縮。在當今這個電腦能計算一切、極度自戀的世界裡，能動搖我們信念並讓我們加以抵抗的不期然之事，變得很不可能發生。臉書創辦人馬克．祖克柏不就雄心萬丈地打算創辦一份自動化、個人化、總編輯為資料運算處理程式的「完美報紙」？這種報紙會從社群網路中偵測到每一位網民感興趣的主題，然後為他量身編寫讓他讀來不會感到驚訝的新聞。這種客製化的新聞會加快個體崩解在自我之中的速度。少了相異性、少了和他人對話的機會，個體便不可能成長、不可能進步。我們就會像幽閉在受保護、如繭殼般天地中的少年一樣。

因此，好娘親確保了人類對安全感最根深柢固的依賴。哲學家兼心理分析師安娜．杜富賀芒泰勒（Anne Dufourmantelle）提醒我們，出生伊始，人類是種「幼態延續」[1]個體：「這種尚未發展完全的生命和其他種類動物不同，為了存活下去，他需要受保護。如果一開始沒有人照顧他、跟他說話，他就會有喪命的風險。」[55]大數據公司以精湛的手法從人類與生俱來的脆弱中牟利。

好娘親透過網路將我們的心靈塞滿，讓我們忘卻「人都會死」這個最令人焦慮的問題。她尤其要以這種方式阻止我們提出如下這個顛覆性的探問：「生命有何意義？」死亡其實已經從西方世界的日常生活中被撤出去了，為了進一步消除它的魔力，網路將它交由我們審視。暴力以虛擬模式暴露在所有的螢幕上。同一個驚悚的畫面可以無節制地被複製。事實上，我們的大腦最迷戀能擾動情緒的東西。起先，這是個效益的問題。我們大部分的精力是被自己的神經元消耗掉的。然而，以純粹理性的方式做決定會比單憑直覺拿主意燒掉更多卡路里。這樣看來，對於網路上色情橫流的現象我們何必太驚訝？網民每天輸入搜尋引擎的關鍵字有百分之二十五和色情有關。有人估計，網路上有百分之十二的網站（亦即四百二十萬個）被歸為限制級。數位業已使觀看色情片變成強迫症似的消遣活動，即心理分析師賈克—亞蘭．米勒（Jacques-Alain Miller）所稱的「交媾狂熱」（furie copulatoire）。這種脫韁的消費行為使得百分之五十九的網民每週耗費四至五小時流連色情網站。德國馬克斯—普朗克學會（Institut Max-Planck）的研究人員開始注意到此種成癮症所導致的後果。根據他們的研究，一個人每週上色情網站的時間如果超過四小時，醫療成像技術即可檢查出他的

---

1 指一個物種把幼年甚至胎兒期的特徵保留到幼年以後、甚至成年期的現象。

大腦在負責做決定的區塊中有活動衰退的跡象。這種情況可以比擬為毒癮所造成的後果：一直需要觀看更露骨的影像方能滿足大腦的索求。這對由集中在美國西岸的公司所控制的數位情色產業而言，可真是一門好生意，但對一個自稱為清教徒精神的國家而言又顯得矛盾。二〇一一年，臉書不就關閉一位法國教師的帳戶，只因為他上傳法國畫家古斯塔夫・庫貝（Gustave Courbet）的作品〈生之源〉（*L'Origine du monde*）被臉書判為猥褻？執全球數位色情業牛耳、每年營業額高達四億美元的MindGeek公司則是例外。這是一家總部設於盧森堡的低調控股公司，如今歸兩名加拿大人所有。每天大概有九千五百萬網民連到他們所屬平台中最紅的那兩個：YouPorn或是Youhub。據估計，線上色情產業的市場產值每年已經高達六十億美元。

這種令想像力崩解的現成刺激已侵入了個人最私密的角落。人類是唯一能將性行為加以情色化的動物，如今卻放棄這項使他與其他動物區別開來的特點，甘願一頭埋進沒有意義的影像堆裡。排山倒海而來的色情影像不僅讓數位性產業賺得荷包鼓鼓，而且還讓大數據公司根據每個人的性偏好將他們加以分類。單從谷歌公司所做的研究便可知道：目前已經可以得知大部分民眾性嗜好的基本資料，就個人而言或就集體來看都是如此，這恐怕是昔日美國聯邦調查局局長胡佛做夢都沒想到的事。色情同時也能夠消弭反叛作亂的欲望，畢竟人家已經用逾越規範的幻想填滿觀看者的心靈。在喬治·歐威爾的《一九八四》中，老大哥在「小說公署」（Commissariat aux romans）之下創立了「春宮部」（Pornosec），後者的職掌在於為普羅大眾出產黃色小說，然後再偷偷摸摸賣到市面上。

像這樣持續不斷占據世人時間和心靈的產業還有電子遊戲。這個估計高達五百四十億歐元的市場仍以每年平均百分之六點七的速度成長。我們的大腦像一個不由自主愛玩的人。神經科醫生都知道，遊戲是最能吸引我們注意力的，因此大數據公司才會樂此不疲地投身於此一有利可圖的領域。更何況電子遊戲又和美國的軍備工業密切相關，因為就像我們在上文交代過的，數位界巨擘和軍方是走得很近的。與美國軍方關係密切、專攻國際事務與衝突的美國智庫「大西洋理事會」於二〇一四年十月聘用了達夫·安東尼（Dave Anthony），他是開發全世界數一數二最暢銷電子遊戲軟體《決勝時刻系列》的人。五角大廈為了讓自己的戰鬥模擬裝置更趨完善，便寄望於電子遊戲產業研發出來的科技。遠距遙控之武裝無人駕駛飛機的情形也一樣。這款射擊指揮部設在距目標幾千公里外的美國、名為「死神」（Reaper）的武器，乃是由設計模擬遊戲的人開發出來的。將攻擊目標加以衛星定位所需要的資料，其實有一部分是大數據公司蒐集來的。在這些數位訊息的基礎上，美國軍方從今以後無須事先審判，就可直接決定將躲在地球任何角落的某某人處決掉。

因為始終能夠搶先一步知道消費者的期待、能夠利用色情圖片影像塞滿我們的腦袋、能夠推出電子遊戲讓我們消遣娛樂，大數據公司裡那些當家做主的人不費吹灰之力便可麻醉我們的批判精神。刻在數位新世界這座建築物三角楣上的格言肯定不是「自由、平等、博愛」，而是「我遊戲、我打怪、我消費」。就像作家杜斯妥也夫斯基在《卡拉馬助夫兄弟們》中描述的：「他們把自己的自由擱在我們腳邊，然後對我們說：『收我們當奴隸吧，給我們吃的就好了。』」

第十四章

智慧 2.0

「唯有悲劇可以將我們從佛教裡救出來。」

弗里德里希・尼采

在加州山景城谷歌總部裡，每兩個月那位編號一〇七的員工便會舉辦一次「冥想的午餐會」（mindful lunch）。他邀請同事來一面靜靜吃著午餐，一面聽著祈禱鐘聲。在陳一鳴（Chade-Meng Tan）的名片上印著「快樂傢伙」的字樣。這位原籍新加坡的四十多歲男性是谷歌公司的幸福先生，他教導其他員工如何管理壓力並協助他們達到「最佳的心靈狀態」。陳一鳴提倡所謂的「三B準則」：善意（Bienveillance）、安適（Bien-être）、幸福（Bonheur），這是夾雜神經系統科學的佛教代用品。這個曾經擔任軟體工程師的人在谷歌園區開設的課程總稱為「向內尋找自己」（Search inside yourself），大致就是「到你內在尋求解決方法」的意思，而後者正是他那本著作的書名。由於有了這位編號一〇七的員工，山景城每次開會前必以一分鐘的靜默與冥想作為開場。就算風光人物（比方歐巴馬或是女神卡卡）到訪這家跨國公司的總部，也必須行禮如儀地和「快樂傢伙」會晤幾分鐘並拍幾張照片。除了身為谷歌走禪風的吉祥人物以及好搭檔之外，陳一鳴（甚至獲得二〇一五年諾貝爾和平獎提名）的任務在於設法為谷歌壓低一筆每年六千萬美元的支出。這筆錢是該超級網路公司因員工受壓力產生精神症狀所付出的金額。面對超時連網引發過勞流行病的現象，大數據公司發明了一種叫作「智慧 2.0」的新宗教。二〇一四年九月，該觀念的發想者、美國人索連．果德哈默（Soren Gordhamer）被邀請到谷歌位於都柏林的分公司，並當著一眾佛教僧侶的面發表題目為「如何透過科技彼此相互連結以獲致安適感」的「智慧 2.0」演講。根據他的解釋，這是對「我們這時代之大挑戰」的回應。

基於「人一上網就是搖錢樹」的概念，「智慧 2.0」的諸多策略中有一項即為壓低因心理問題而需下線的人數。除了講求稅務最優化，谷歌及其同夥也在情緒管理上重視最優化。他們鼓勵因過度上網而導致情緒緊繃的員工，在辦公室的電腦或自己的手機下載幫助冥想或學習調節呼吸的課程，例如矽谷某一家新創公司開發出來的呼吸追蹤器 Spire 即是。當員工的壓力指數升高到一定程度時，他那個扣在腰帶上的小盒子會偵測出來，然後他的手機將收到一則警訊：「注意，您的緊張狀態已經持續四十五分鐘了」，並請他控制自己的呼吸。當感測器知道他的心跳速度以及橫膈膜的動作已恢復正常，便會出現第二條訊息：「您已恢復平靜。」羅傑－坡爾．德洛瓦感嘆道：「過去這幾十年來主要的不同就是，個人在企業中的生活變得如此重要，以致在企業中（甚至僅有在企業中！），個人才有可能變得真正快樂、有創造力，並且獲致充分發展，達到禪意、灑脫、高效率等境界。但這其中藏著集權況味，因為再也沒有自由空間、公私再也分不清楚。無論身在何處，每一個人隨時隨刻都有任務在身，被鼓舞要追求幸福，換句話說就是追求身體健康、精神飽滿、自在安適。」56

由於不斷連網且刺激排山倒海而來，我們的大腦再也無法吸收東西了。在這個講究任務同步、疊加和過度分化的數位世界裡，突觸[1]已在向我們求饒了。有了網際網路之後，我們進入多工的時代，增加注意力的付出，造成我們心理的不適應、思想的破碎。神經學家的研究確定，我們大腦注意的事情一旦超過三件就難發揮效用，而且犯的錯誤也會接踵而至。英國的研究人員甚至發現：大量並同時使用幾個電子終端機

1 神經元之間，或神經元與肌細胞、腺體之間通信的特異性接頭。中樞神經系統中的神經元以突觸的形式互聯，形成神經元網絡，這對於感覺和思維的形成極為重要。突觸也是中樞神經系統和身體的其他部分，例如肌肉和各種感受器交換信息的管道。

的人，腦部結構會有改變。在這種情況下，專門負責處理情緒的灰質就會相當程度地減少。根據科學家的看法，這種現象應該和憂鬱以及焦慮發作等情緒失調頗有關聯。就像垃圾食品會造成身體肥胖，「過度連網」（malconnexion）也會導致認知能力的負擔。銷售「智慧 2.0」的大數據公司突然掉入的處境，可以比擬如下這種製藥公司：一方面推出治糖尿病的藥，一方面又透過子公司為農產食品加工業製糖。

因為與機器一較長短，結果我們被捲入了工作效率的競賽中，但是先天上我們就輸了。電腦的運算速度越來越快，我們的工作節奏也隨之加快。每件任務都是刻不容緩，都應優先處理，上面要求即刻解決問題。雇員彷彿化身體育選手，越跑越快乃是他的職責所在。社會學家保羅．維希留（Paul Virilio）曾指出：「如今不講究節奏的多樣，無視進攻與暫停需相互接續，壓力源源不絕湧來，『二十四小時開放』以及『每週七天待命』幾乎已侵入所有的時間表，甚至侵入一切工作。如今，世界出現了『行動就是一切，目的無關緊要』的價值觀。」[57]這是一個被掏空意義的世界，只需要被「智慧 2.0」填滿就好了。

面對機器此一完美典範，人類犯的錯誤就越來越不可容忍，我們被要求做到無懈可擊的地步。這種「零錯誤」的義務是徹底違反自然的。神經科學的研究已證實：犯錯其實是人類學習過程的一部分，因此是有益的。人類和機器暗中較勁所造成的緊張又因連網時間無限制拉長而更有害。美國人平均每人每天忍受電子資訊的時間長達十二個小時。私生活和工作場域的界線已經模糊了，以致百分之六十的管理階層人員承認回家後還會用手提電腦繼續賣命。連網時間如此增加，大數據公司第一個受益，因為工時拉長等於生產力提升了。有人估計，每位管理階層人員每天平均發送大約三十封、收到大約七十封電子郵件。為避免收假回來後應付累積的大量電子郵件，員工在休假時仍然不敢片刻離線。一旦對職場的這種工具依賴成癮，只要一離線我們就會產生罪惡感。我們必須隨時可以讓別人聯絡得上，就算再如何不得已都一樣。何況訊息流是由不眠不休的機器持續發來的，這樣就更危險，因為我們的生物節奏被攪亂了。二〇一五年九月，法國主要電信公司 Orange 的行政副總裁布魯諾・梅特林（Bruno Mettling）提出一份報告。在這份主題為「數位對工作關係之作用」的報告中，他提出「職場離線權」（droit à la déconnexion professionnelle）的概念……

大數據公司將以前明確區分開來的工作、休息與娛樂的時間混淆起來，然而人腦是以輪換的模式運作的，這是由地球二十四小時的自轉週期所形成。白天與黑夜更替的節奏已經深深刻記在我們的生物遺傳密碼中。新工具好比可以同時開好幾個視窗的電腦螢幕一樣，表面上似乎增加了選擇的可能性，但如同哲學家哈特慕特·羅沙（Hartmut Rosa）所強調的：雖有這些工具，其實我們「因為沒辦法做完所有想做的事而導致挫折感，此外，因為已完成的事做得並不理想，所以也引發了不滿足感。我們面對的選項不斷增加，然而我們具體的能力卻逐漸下降。」[58]想在一定的時間內做完呈指數曲線增加的工作，這無異是奮不顧身奔向毀滅。

數位將我們丟入孤獨的深井內，這又加重了我們的渾噩不適，但是另一方面，社群網站卻又保證我們朋友的數量會急速增加。在臉書或是Myspace中，每個會員的朋友數平均為一百三十至一百五十，大家都把提升上述的數字作為目標，理由是朋友越多就代表你越受歡迎。網民的心態有點像是負責招募新兵的官員，念茲在茲的是如何讓人投效過來，來者究竟是誰並不重要。這是對於「量」的迷思。我們距離臉書當前口號中自詡懷有的那種理想實在太遠：「臉書讓您能與生命中的重要人物保持聯繫。」如果我們採信馬克．祖克柏非官方傳記[59]的說法，「臉書」實際上是由一位不適應社會生活、差不多算是自閉症的人發想出來的。這難道只是巧合而已？據說祖克柏被女朋友甩掉後為求報復，在網路上放上校園一些女同學的相片（都是在她們不知情的情況下拍攝的），並請男性網民投票選出其中最性感的。這是為了進行評比特別開發出來的資料運算處理程式。為了更有效率、更加快速，我們的人際交流便虛擬化了，如此一來交流就會變得貧乏，全然失去真人面對面會晤時所獲致的豐富。臉書以及其他的社群網站並不是像他們自稱的「相遇」地點，而是替數位所引發的孤獨戴上面具。交友程式讓我們誤以為友情是以「量」作為評估基準的，這樣反而擴大了我們情感的荒漠，並且因此打消我們到實際生活中尋找真正朋友的念頭。我們受了社群網站的吸引，又被朋友的表象以及數位的魅影包圍，我們實際上有可能更加蜷縮在自我之中。我們史無前例地在網上連接，但也史無前例地孤獨！世界變成一個「開放空間」，而這空間乃是為自我監控與更強的生產力而配置，那其中的熱絡友好只是假象，每個人都試著防範別人、保護自己。我們被大數據公司關進一個枯燥貧乏的空間裡。這是一種無法讓你後退或抽離的自我遺忘。我們不願彼此面對、抗拒清醒自知，只是迷失在他人的目光之中，一味追求虛假聲望。在數位世界中，鏡子都打破了，「反思」沒有用處、叫人尷尬，甚至具破壞性。那種幸福不含理想、無須費勁、沒有痛苦，同時也看不見……前景，也就是尼采在《查拉圖斯特拉如是說》裡描述的那一種。

為了讓已經成形的夢魘肆虐到底，他人正在剝奪我們的記憶，逼我們將記憶「外包」出去，將它交付機器。根據哲學家法蘭西斯．伍爾夫（Francis Wolff）的看法，這是一種危險的經驗，畢竟我們的記憶並不是一個ＵＳＢ隨身碟。他說：「記憶以第一人的身分存在，在我和他人交織的關係中即刻且當場就被動員起來了。記憶不在我的身上。那是我和世界相貫通的一種關係，而且此一關係是我根據當下生活經驗和世界建立起來的。如果把我的記憶移到另一個環境，它的內容雖然似乎沒變，但因為已不再是我的，所以也就不再是同樣的記憶了。」我們想進一步保障自己個資的安全，人家卻鼓勵我們將自己智慧型手機、桌上型電腦、平板電腦裡的一切放在雲端、放在位於網路中某個地方的儲存空間裡。蘋果的iCloud雲端系統讓我們在連上網路之後只要點擊一下滑鼠，即可進入位於某個伺服器裡的數位記憶庫。有關個人家庭、感情、財務或是醫療的訊息，因此有時還包括最私密的，全都一古腦交付給別人，而其實際的用處去向完全沒有人可以保證。微軟的工程師戈登・貝爾（Gordon Bell）不就預告了大數據公司對我們記憶的攫取？這個身兼資訊學工程師與研究員的新科技高手在某位同事的協助下，正在從事他自己命名為「攔截記憶碼」（Total Recall）的計畫。此一名稱則借自二〇一二年出品的一部同名科幻影片。貝爾的理念如下：利用數位方法將我們的記憶加以整理備份！在我們的一生中，因為有衛星定位系統以及密密麻麻分布在我們環境中的感測器，我們一切的所作所為將被即時記錄下來，然後存入一個可供隨時查詢的個人圖書館裡。這一個被計畫發想者稱為「小老弟」（Little Brother）的圖書館會代替我們回憶起一切。戈登・貝爾在著作《攔截記憶碼》[60]中興高采烈寫道：「這是全面監控之社會的民主面貌」，因為「沒有任何謊言或幾乎沒有任何謊言站得住腳。如果我利用自己的電子記憶庫來責備你某件事，那麼你也會把我的干涉加以備份，將來就可以拿來作為反擊我的材料。」為這本書寫序的則是「有二十五年交情」的比爾．蓋茲。這並不算科幻小說的情節，因為谷歌地圖已經讓使用者可以查詢過去數年間的走動路線，甚至透過谷歌街景服務還可以回顧沿路景象。搜尋引擎聲明：「建立往事發生的順序是幫助你回憶的好方法，讓你重溫某天、某月或某年去過的地方。」它還開放任你移除某些日期的功能，比方會勾起你不愉快回憶的日期。至於具個人助理功能的「谷歌即時」（Google Now）則會提醒你當天的約會，甚至還有必須慶祝一番的生日與各種紀念日，因為它能參考你的電子記事簿以及你在網路上的搜尋歷史。

矛盾的是：一旦我們把回憶的工作交付給機器，我們的下場便是有可能淪為記憶缺失症的患者。上文曾強調過，美國幾位心理學家的研究證實了，大腦一旦知道某項資訊已儲存在某處，那麼就不再將它記住，因為大腦判斷花那股力氣是多餘的。我們敢打賭，那些數位界的巨擘一定會宣傳電子記憶是一種必不可少的服務，對於憂心自己罹患阿茲海默症的老化人口而言尤其如此。說不定將來哪一天人家會建議我們將自己不愉快的回憶從程式中抹除，甚至將它重新編造，以便讓我們快樂一些……？「智慧 2.0」已經許給我們這種幸福的遠景，因為在此一宣揚「禪態度」（zen attitude）的準佛教哲學思想中，憤怒、衝突、反抗均被視為有害，每一項都會妨礙我們達到安適的境界。賈克．艾呂勒在著作《科技虛張聲勢》（*Le Bluff technologique*）[61]中解釋道：「他們想塑造的未來是沒有衝突的未來。個人不但在內心裡和自己沒有衝突，也和親友、同事、政治機構沒有衝突。」他們的觀點和古希臘人相反，因為後者認為個人可以透過衝突表現自己、測試自己的耐力與極限、考驗自己的勇氣。個人必得和自己、和別人發生衝突對立，否則無法建構自己。「智慧 2.0」打算從一開始就扼殺所有反抗的意圖……

在大數據公司出現的三十年前，美國人羅伯特．麥克布萊德（Robert MacBride）就曾在《自動化國家》（*The Automated State*）[62]一書中想像未來的世界，在其中，「一切事物將全部被記錄下來並被詳盡無遺地加以細心研究」，他並且下結論道：未來，

「個人通不通人情世故、有無本事才幹，端看他能否以優雅的姿態、柔軟的身段接受外界指派給他的角色，並且做出最大的成效。」

第十五章

尤里西斯的歸返

「他們一旦產生自覺才會反抗，一旦反抗過後才會產生自覺。」

喬治．歐威爾

《一九八四》

二〇一二年九月十二日，美國聯邦調查局幹員突然闖入達拉斯的一間公寓。這次粗暴的干預一共有六分鐘的時間被網路攝影機未關閉的麥克風錄下來。執法人員將該處翻箱倒櫃搜了一遍，並且沒收所有的資訊設備，最後將屋主戴上手銬押走。二十八個月後，美國記者巴瑞特·布朗（Barrett Brown）被判五年三個月的監禁以及八十九萬美元的損害賠償與利息罰款。自從他被逮捕以後就一直被關在德州的聯邦監獄。他究竟犯了什麼罪？因駭入私人情資蒐集與預測單位「策略預測公司」（Stratfor）的伺服器，以便揭露該公司和美國政府相關部門曖昧關係的底細。在五百萬封由「匿名者」[1]駭客取得並交給「維基解密」的電子郵件中，有一些在「討論綁架與暗殺的機會」。上述那位專門從事調查報導、經常和《衛報》與《浮華世界》（*Vanity Fair*）[2]

1 一種以共同理念組成的駭客集團，只要有相同想法或理念，任何人都可以加入。該組織發跡於二〇〇三年，隨後在政治上形成一些共識，並發起自主性或自發性的行為與活動。他們因利用「阻斷服務」攻擊政府、宗教和企業網站而聞名於世。

2 美國著名文化生活類時尚雜誌，其內容包括政治、名人、圖書、幽默、新聞、藝術和攝影。

合作的自由新聞記者在被美國聯邦調查局逮捕前，曾著手組織一個智庫，其目的在調查某些私人公司和美國政府於數位監控業務上所簽的合同。身為「匿名者」的成員，巴瑞特．布朗幫助揭穿了一項祕密計畫——意圖擊垮該駭客組織財務的計畫。他的罪名是在未獲許可的情況下與人共謀駭入「策略預測公司」的伺服器，又在當局到他住家搜索時故意藏匿自己的筆記型電腦而觸犯妨害公務罪。此外，當局藉口他曾出言恐嚇美國聯邦調查局幹員而進一步再加重他的罪，但根據巴瑞特．布朗的說法，該幹員曾監視並騷擾他的母親，逼使他母親配合調查。

大數據公司與情報系統把駭客視為頭號的人民公敵。愛德華．史諾登揭露了美國情報系統對人民私生活的監控已達到何等嚴重的程度。他和「維基解密」的創辦人朱利安．亞桑傑都被當成祖國的叛徒，並因此被迫流亡海外。至於美國前海軍士兵布拉德利．曼寧（Bradley Manning）則因為交給亞桑傑七十萬份外交以及軍事的機密文件，正在密西西比的監獄坐牢，刑期三十五年。在他給歐巴馬總統但後來遭駁回的求情信中寫道：「如果您不同意本人請求法外開恩，本人便懷著如下的認知服刑：『生活在一個自由的社會中是要付出極高代價的。』」崇尚自由主義的駭客社群，難道不是拒絕接納大數據公司專事侵擾、唯利是圖、諱莫如深行徑的第一批人嗎？首先，他們開發讓大家免費分享使用的「開放軟體」[3]（如此一來便和微軟、蘋果以及同類公司推出「專有軟體」[4]的商業模式大有扞格），同時在已經商品化的軟體之外發明其他軟體，並供指定用途以外的其他用途使用；然後，他們在網路上推廣「加密技術」（technique de chiffrement）以及「匿名化程式」（programmes d'anonymisation），以便欺騙監控系統。專門研究數位科技的哲學家艾力克·薩丁（Éric Sadin）強調：「也許時至今日我們方才明白，在駭客那個被扭曲的形象後面，其實隱藏著一股實際的抗衡勢

3 又稱「自由軟體」，係指公開的軟體原始碼，使用者可以自由使用、下載、修改與散布自由軟體執行程式及程式原始碼。

4 在此指一般主流的商業軟體，僅讓使用者安裝使用該軟體，但無法直接修改與散布軟體原始碼。例如目前個人電腦上最常使用的商業文書處理軟體與電子試算表軟體等，消費者所付的費用，事實上只有買到這些軟體的「使用權」，無法看到這些軟體的原始碼，而且禁止使用者任意複製或修改。相較之下自由軟體就鼓勵使用者使用、散布、研究與改良該軟體的原始碼。

力。此一勢力能夠啟迪人心，鼓舞我們將來應該採取何種行動模式。」

情報單位以及網路巨擘不懷好意地以妖魔化資訊駭客為樂，把他們這種有助揭開黑幕的公民駭客和竊占電話線路或偷取信用卡個資以供己用或轉賣圖利的「黑客」（Cracker）[5]（一種數位流氓）、「飛客」（Phreaker）[6]或是「信用卡駭客」（Carder）歸為一丘之貉。當今傳統媒體越來越身不由己且越來越難刊登資訊、挑戰已被世人普遍接受的信念。在這種情況下，扮演解放者角色的駭客成為情報單位與大數據公司的眼中釘。起初，當局不是對巴瑞特．布朗求刑一百五十年嗎？此外，美國聯邦調查局也是借助一名駭客才使「匿名者」當中一名「激進駭客」（Hacktiviste）[7]因駭入「策略預測公司」的電子郵件而遭判刑十年……

他們的行跡被公布於眾，彷彿是昔日目無法紀製造偽幣的人。然而，這些駭客對於公民而言是不可或缺的，因為他們嘗試要重新控制那個由電腦程式所創造的虛擬世界。事實上，他們是唯一有能力打開黑箱、了解機器部件的人，也是唯一有能力在那裡面扯後腿、將數位自衛技術教給大家的人。這些技術包括單次臨時電子郵箱（boîtes mails éphémères）、匿名瀏覽或是加密工具，總之就是運用軍方發明的所謂「輕腳印」（empreinte légère）策略，推出許多讓人躲過偵測、建立隱形身分、逃避無所不在之監控的竅門。說來諷刺，網路上最有名的匿名工具TOR其實誕生於美國海軍的研究實驗室裡。一九九〇年代中期，美國海軍希望能發展一套無法讓外界追蹤自己連網情況的系統。這個研究計畫中止之後，便由美國一向捍衛網路自由的「電子前哨基金會」（Electronic Frontier Foundation）接手。後來，TOR漸漸脫離其

5 又稱「黑帽駭客」（black hat），在未經許可的情況下，他們就侵入受害者的電腦系統，目的只是為了獲取自己的利益。他們的出發點是惡意的，是犯罪行為，因為他們侵入電腦系統的行為，就好像銀行搶匪破壞保險箱一樣。

6 通常指入侵電話系統並企圖免費撥打長途電話的人，換言之，「飛客」特指對電話通訊系統動手腳的人，例如破解某公司電話總機外線轉播密碼並盜打電話的犯罪案件。

7 激進駭客主要是為了表達抗議而入侵並癱瘓他們所抗議之企業或政府的電腦網路系統，但激進駭客的出發點是政治動機而非金錢。他們認為某些機構或組織跟自己的理念不合，所以覺得應該對他們的電腦網路發動攻擊。

發明者的掌握，變得完全無法控制。這套目前由「極客」（Geek）[8]義務維護的免費反監控系統，據估計，使用的網民人數超過二百萬。TOR不僅可以藉遮蓋連網的內容、IP位址以及目的，將連網匿名化，而且還設有通往「暗網」（web caché，意即沒有被搜尋引擎編入索引的網頁）的暗門。根據估計，經由TOR應該可以進入三萬個隱藏的伺服器。二〇一五年，「聯合國增進及保護見解與言論自由權問題特別報告員」（rapporteur spécial de l'ONU chargé de la promotion et de la protection du droit à la liberté d'opinion et d'expression）大衛・凱伊（David Kaye）公布了一份報告書，其中記載：「加密與匿名技術保障個人與團體一處上網的私密空間，使其得以實現意見自由與表達自由，同時保護他們免於專橫或非法的干涉，免於任何攻擊。」此外，凱伊還強調：「當國家非法強制執行例如過濾等技術時，加密以及匿名手法可以讓公民在不受當局介入的情況下，迂迴避開障礙、取得資訊。」凱伊同時建議各國政府「提倡並保護國民使用那些工具」，同時「僅在逐案基礎上採取限制措施，這些限制滿足合法性、必要性、相稱性和目標正當性的要求，而且，任何具體限制均須有法院命令，並透過公眾教育促進線上安全和隱私。」[63]

各情報機構當然不會認同凱伊的意見，他們想方設法要找出使用「暗網」的人。美國國防部為了重新掌握主導權，據說已經挹注了一千至二千萬美元，發展一種能夠搜索「深網」（Deep Web）[9]、名為Memex的工具，將來預計可以偵察連網的跡象、掩蔽的網頁，再理出其間的關係，然後將獲得的資料與從「明網」（Web visible）[10]大量吸取的東西匯編起來。誠如「國防高等研究計畫署」創新部門的主管所言：「雖然

---

8 極客，又譯為「技客」、「奇客」，是英文單詞geek的音譯，原本是指反常的人。這個詞在美國俚語中意指智力超群，善於鑽研但不愛社交的學者或知識分子，含有貶義，因為極客常常醉心於自己感興趣的領域，甚至犧牲個人衛生、社交技巧或社會地位。但近年來，隨著網際網路文化興起，其貶義成分正慢慢減少。但這個詞仍保留了擁有超群智力和努力的本意，通常被用於形容對電腦和網路技術有狂熱興趣並投入大量時間鑽研的人。

9 深層網路的略稱，又稱「不可見網」、「隱藏網」，是指全球資訊網上那些不能用標準搜尋引擎建立索引的非表面網路內容。深網包括許多相當常見的用途，如網路郵件和網路銀行等。

10 指的通常是未加密、非暗網，或不需ＴＯＲ等瀏覽器就能瀏覽的網路。這類傳統全球資訊網的內容往往匿名性較低，多數網站可以獲得使用者的ＩＰ位址。

大部分使用網際網路的人都有正當理由，不過寄生蟲還是有的，我們決心阻止他們利用網際網路來和我們作對。」[64]對於情報單位和大數據公司而言，被他們重新命名為「暗網」（Darknet）的「深網」乃是一處罪惡的淵藪，只有幹非法交易的人、戀童癖患者和恐怖分子在那裡出沒。「深網」的這些負面用途被大肆宣傳，以致遮蓋了另外一個功能、最主要的功能。「深網」是每個人可以藉此保護自己私生活、避免跨國數位公司掠奪個人資料的方法。當網民在瀏覽某個網站時，平均遭到其他九個商業網站的監視，而這些網站還會在網民不知情的狀況下，利用間諜軟體獲取與他有關的資訊。「暗網」或「深網」也能夠讓人權鬥士、揭黑幕者、異議分子或是新聞記者躲避審查、逃過電腦程式所創造之虛擬世界的全面監控。早年第一批基督徒為躲避羅馬帝國迫害而躲進地下墓穴，如今那事件的數位版又上演了。已過世的黑蒙・佛尼（Raymond Forni）就曾預告：「在一個民主制度裡，我認為讓詐欺的可能性存在有其必要。大戰期間，如果人們無法製作假身分證，那麼數以萬計的男女恐遭逮捕，然後押送到集中營裡，最後也許全都喪命。」這位曾出任法國「國家資訊與自由委員會」

（CNIL）副主席與國會議長的〈資訊與自由法〉（Loi informatique et libertés）之父曾說，自己「始終贊成保留這種起碼的空間，否則不可能奢言真正的民主」。[65]

如何才能重新讓公民成為社會的重心呢？我們要從0與1的掌控中解脫出來，從不斷加速的時間中逃逸出來，因為時間已被壓縮成當下這一瞬間，這種「當下論」（présentisme）就像離心機一樣，將我們拋貼在機器的內壁上，讓我們動彈不得。我們應像尤里西斯一樣，在旅程告終之時重新找回自己的身分。只有回到他的母島綺色佳，不再流浪，這位希臘英雄方能恢復自己的名字。時間必須停止下來，唯有如此，我們才能知道自己是誰，才能自我建構，所以能離網下線就成為第一要緊的事。我們便像尤里西斯一樣，脫離好娘親的溫柔專制，在這個講究算計、徹底參數化的世界中要求自己的不完美與不可預測被正常看待。這是反抗行動，但也是回溯古希臘的文本，回溯那些傳播普世價值、卻被大數據公司視為守舊落伍的奠基文本。哲學家羅傑—坡爾．德洛瓦警覺道：「今天大家尤其應該時常閱讀這些作品，因為其中蘊藏的力量對於我們每一個人都是不可少的。在這複雜的、衝突的、令人憂慮而又充斥訊息與影像的世界裡，我們在此一飽蓄人生經驗的巨大寶庫汲取教訓的需求越來越急迫。然而，當前我們已被剝奪了這些作品的相伴，所以更需要它們了。」

我們需要古希臘的思想來滋養批判精神：接受與自己面對面，接受那種能將我們導入澄明境地並給予我們逃離數位洞穴（他人正用幻影將我們困鎖其中）勇氣的顛覆性孤獨。命人將自己綑綁在船桅，最後成功抗拒水妖歌聲誘惑的人也是尤里西斯。藉由不斷地提出「為什麼」，我們重新給予生命意義，並且因此遏止機器強加在我們身上的「科技萬能論」功利邏輯。我們尤其不能將作為自己人格基礎的記憶交給電腦程式所創造的虛擬世界。《伊里亞德》和《奧德賽》之所以用韻文寫成也許不是湊巧，因為這兩部公民養成必不可缺的重要文本便可被人吟唱，所以就較容易烙印在每個人的腦海裡。培養對世界的批判觀點就是發展自己的獨特性，也是對時下標準化、規格化趨勢的抗爭。大數據公司受到全球化的鼓舞，卯起勁來全速將產品、生活方式甚至思想加以標準化。資訊透過數位管道源源不絕湧來其實只是表象，因為那些資訊無止無盡重複，不但受到控制而且內容局限。

我們必須擋開電腦程式所創造之虛擬世界的勢力，以便使人重新找回「知」的權利，並以「人」的尺度重新創造一個民主社會，能讓人類重新掌控電腦的社會。這是我們要接受的挑戰。當今網路上到處可見冒出來的社群網站以及獨立的微型團體。它們彷彿共同建構出一棟房子、一個街區、一大片的屋舍，只要我們願意，就可以將其轉變為大家能在其中自由辯論的新廣場。這將是休戚與共、團結一致之自發性的空間，大數據公司那獨占專攬以及各人自掃門前雪的邏輯將無用武之地。如此一來，我們就讓古希臘城邦的精神復甦了。古羅馬先哲塞內卡（Sénèque）在《論靈魂之平靜》（*De la tranquilité de l'âme*）一書中寫道：「情況從不曾像現在這般窒礙，沒有任何施善行的空間。」

第十六章
最壞狀況真的來臨了

數位革命已然展開。從時間以及空間的角度檢視，它的部署尚屬於起始階段，然而我們已經可以預測這場革命將會把我們推向何方。到那時候，個體將與自己分離，甚至變得可徹底受掌控，沒有強迫、無須肢體衝突。在這場大規模的變化中，唯一能夠確定的是交換條件。人類將拿自身絕對的透明化、犧牲私人生活、喪失自由以及批判精神，換取生活中的可預測性、安全感與壽命的延長。多少世紀以來，人類文明所要努力克服但未獲成功的「爬蟲類型心智」[1]終將消失，而跟著消失的便是時至今日一直如影隨形的不安全感以及焦慮。大數據公司的世界希望沒有壓力或是暴力，拒絕為明日擔憂，而且它也發展出能達到該境界的工具。然而，造成這種翻天覆地演化的，竟是上述「爬蟲類型心智」基本特質中「貪婪」這一項，真可說是矛盾中的矛盾了。少數人的胃口被帝國主義思想撐到無窮大，史上沒有任何一個國家大膽到這

1　人類大腦最古老的一部分，稱為「爬蟲腦」，其主要功能即是維持生存，就像爬蟲類只能從事求愛、交配、保護地盤、敵對等基本的互動。

地步。

好娘親要助我們擺脫恐怖主義此一傳統戰鬥方式無法應付的新型暴力行為。整體而言，世界從來不像今天這麼安全，然而不安全感又從不像現在這麼強烈。特別是因為有了網際網路，資訊才會像打開水龍頭似的源源流出，形成一個世界級的劇本，內容半真實半虛幻，讓大數據公司和情報部門的結合顯得理直氣壯，使其執行的監控行動在人類歷史上聞所未聞。事情還有可能變本加厲。對個體的監控已不可能走回頭路，沒有任何立法措施或是法律條文遏止得了。大數據公司及其同夥表面上讓與的東西，很快將在科技的幫助下再拿回來，因為立法人士無法了解那些科技，他們無力招架科技那令人暈眩的飛躍演進，何況這些透過選票上任的人，通常也不具備認清真正癥結所在的專業學養，自然無法掌握其複雜性，另一方面，他們也常陷在政治程序的牛步中難以動彈。千百次被科學小說家們預言將以暴力方式存在的跨國霸權，現在正悄悄地在文明的安適中生根。在其中，「免費」不再是例外，而是常態，此外，報酬豐厚到離譜的工作將只保留給少數菁英，而被機器人化排拒在職場外的大部分民眾，將身處愜意的空虛中，有最低收入保障其生活，他們只需隨時保持連網作為交換。這種沒有自由的個人主義預告了文明中的百無聊賴，以及迫不及待要找出解決之道的心態，而且這兩者將共同造成人類喪失對現實的知覺。

大數據公司這些當家做主、貪得無厭的清教徒可沒放過上帝，因為他們的下一個目標便是取代上帝。谷歌公司優先計畫中的一項即是延長人類壽命，但是受益於其成果的將是最富裕、同時也是住在生態保護區裡的人。他們遠離升斗之民麇集的大都會區，雖說離群索居，但因受防範犯罪之科技的庇佑，所以安全無虞。今天大家所稱的「強化人」也許只是人類朝向大突變發展的一個過渡階段。套一句網路之父文頓・瑟夫的話：「私生活是反常的。」想必未來連血肉之軀過的生活也會被視為反常。大數據公司打算將人類和機器合而為一的夢想確已開始實踐，將來有一天乾脆建議我們靠人工智慧的進步，讓自己突變成擁有一個非有機、完善且持久軀殼的新物種。這些公司期待在我們生命過程中蒐集到的幾十億筆資料，能協助我們達成上述目標，卻又不必丟失自己的身分。如此一來，我們將會長生不老並且受到控制（不然說受到「奴役」也未嘗不可）。從他們那造物主的角色以及財務實力來看，大數據公司巨擘們的傲慢已達到無以復加的地步。在人類歷史中，我們從來不曾看過如此少的人可以將自己的律法強加在如此多的人身上。這幅遠景似乎無可避免，因為能與之抗衡的勢力根本付之闕如。在見證民主制度誕生的古老歐洲，人們關切的不是反對大數據公司，而是該如何做才能迎頭趕上它們。然而，歐洲永遠追不上谷歌，也別想超越蘋果或亞馬遜。這些公司所累積的資料量已經使別人沒辦法與自己一較長短了。面對這個新興的實體，面對這個結合美國情報部門與數位集團、體現該國蛻變中之權勢的實體，歐洲雖然仍在指指點點，但實際上已經無條件地屈居服從的地位了。明日，個人的裡裡外外都將淪為網路的俘虜：健康醫療、保險、納稅、銀行帳戶……就像哲學家華特・班雅明（Walter Benjamin）說的：「若讓事情自由發展下去便是災難一場。」當然，最糟的情況會怎樣還不確定，可是有一件事是確定的：抗拒將變得越來越複雜。首先你得接受自己被邊緣化，對連網的世界抱持懷疑不信任的態度，並自外於被壓縮的時間。

知識分子被認定應該扮演哨兵的角色，然而他們僅能抵抗可以清楚界定的意識型態，如今他們根本沒有或是幾乎沒有看到什麼事情發生，很有可能被這場科技革命吞沒了，被它弄得目眩神迷。大數據公司的計畫秉持放任自由主義精神，沒有疆界、不分國家，並讓一切贊同分裂獨立的意識型態變得不合時宜。反抗行動的重點是將「人」重新擺回中心位置，保護他的感性以及直觀。唯有在這種條件下，我們才能在0與1的世界中保存自己的一份人性。否則，人類全體將無可挽救地抱守赤裸所引發的不實解脫感裸裎度日。世界新霸主提供的便利實在太吸引人，而自由的喪失又是不痛不癢的漸進式，因此現代人縱使有辦法也不想挺身反對了。不應該指望大數據公司會把自由歸還我們。相反地，我們倒可相信他們終將說服人類，讓人類覺得自己並不是最重要的。

作者註

❶ AFP，二〇一五年十一月十九日。

❷ 二〇一四年十二月十五日在「化學之家」（Maison de la Chimie）舉行、名為「弄懂大數據之意義」的研討會。

❸ 這十三部伺服器負責管理全世界的網域名。

❹ 參見《美術雜誌》第三七二期，二〇一五年六月。

❺ 2.0表示網路發展的第二階段，3.0則是下一階段。

❻ 艾立克・史密特與賈雷德・柯恩（Jared Cohen）合著，德諾埃勒（Denoël）出版社，二〇一三年。

❼ 法蘭克・巴斯卡勒（Frank Pasquale），《黑箱社會》（*The Black Box Society*），哈佛大學出版社，二〇一五年。

❽《在一起孤獨》（*Alone Together*），雪莉·特克（Sherry Turkle），麻省理工學院出版社，二〇一一年。

❾〈網路攻擊：「很多國家冒充中國人」〉（Cyberattaques: "Beaucoup de pays se font passer pour des Chinois"），《解放報》（*Libération*），二〇一五年九月二十二日。

❿二〇一五年十一月十三日訪談。

⓫斯多克（Stock）出版社，二〇一四年。

⓬《回聲報》（*Les Échos*），二〇一五年十月三十日。

⓭〈我們是蝴蝶的堂表兄弟〉（Nous sommes les cousins des papillons），《觀點》（*Le Point*），二〇一四年十一月一日。

⓮〈情報法：大數據的錯誤〉（Loi sur le renseignement: les bugs du big data），《解放報》，二〇一五年四月十四日。

⓯〈政府通訊總部攔截國際一流媒體記者的電子郵件〉（GCHQ captured emails of journalists from top international media），《衛報》（*The Guardian*），二〇一五年一月十九日。

⓰尚—克羅德·庫塞杭、菲利浦·艾耶（Philippe Hayez），《為民主提供情報，在民主中幹情報》（*Renseigner les démocraties, renseigner en démocraties*），歐迪勒·賈克布（Odile

Jacob）出版社，二〇一五年。

⑰ 同上。

⑱ 〈搞懂大數據的意義〉（Making sense of Big Data），同上。

⑲ 艾普斯坦（R. Epstein）與羅伯森（R. Robertson）合撰，〈搜尋引擎的操縱效應及其對選戰結果可能產生之影響〉（The search engine manipulation effect and its possible impact on the outcomes of elections），《美國國家科學院院刊》（PNAS），二〇一五年八月。

⑳ 《法國世界外交論衡月刊》（*Le Monde diplomatique*），二〇一四年一月。

㉑ BFM商業電視台（BFM Business TV），二〇一五年一月十二日。

㉒ 《新觀察家》（*L'Obs*），二〇一五年四月。

㉓ 樂施會（Oxfam），二〇一四年。

㉔ 《黑箱社會》。

㉕ 〈史蒂夫·賈伯斯是個低科技的父親〉（Steve Jobs was a low-tech parent），《紐約時報》，二〇一四年九月十日。

㉖ 侯貝·拉豐（Robert Laffont）出版社，二〇一一年。

27 摩妮卡·阿特朗（Monique Atlan）、羅傑—坡爾·德洛瓦（Roger-Pol Droit），《人類。改變我們生活的革命：哲學視角的調查研究》（*Humain. Une enquête philosophique sur ces révolutions qui changent nos vies*），芙拉瑪西翁（Flammarion）出版社，二〇一二年。

28 《讀腦機：在科技令現代人心智變質的過程中倖免於難》（*Surviving the Technological Alteration of the Modern Mind*），哈伯柯林斯（HarperCollins）出版社，二〇〇八年。

29 〈科技與非正規教育：教了什麼，學了什麼〉（Technology and Informal Education: What is Taught, What is Learned），《科學》（*Science*），二〇〇九年一月二日。

〈自動化的新時代〉（Le nouvel âge de l'automatisation），《新工業世界的對話錄》（*Les Entretiens du nouveau monde industriel*），二〇一三年十二月。

30 衝刺（L'Échappée）出版社，二〇一二年。

31 《資料運算處理程式管控下的生活。對數位論據的批判》（*La Vie algorithmique. Critique de la raison numérique*），衝刺出版社，二〇一五年。

32 〈受數位世界威脅的人類〉（Les humanités au péril d'un monde numérique），《費加洛報》（*Le Figaro*），二〇一五年三月三十一日。

33 羅傑—坡爾・德洛瓦，《與蘇格拉底、伊比鳩魯、塞內卡及其他先哲一起活在今天》（*Vivre aujourd'hui. Avec Socrate, Épicure, Sénèque, et tous les autres*），歐迪勒・賈克布出版社，二〇一〇年。

34 《控制論帝國。從會思考的機器到機器的思考》（*L'Empire cybernétique. Des machines à penser à la penseé machine*），瑟伊（Seuil）出版社，二〇〇四年。

35 《資料運算處理程式管控下的生活》，見上文。

36 瑟伊出版社，二〇一三年。

37 《知性恐怖主義》（*Le Terrorisme intellectuel*），貝罕（Perrin）出版社，二〇〇〇年。

38 摩妮卡・阿特朗、羅傑—坡爾・德洛瓦，《人類。改變我們生活的革命：哲學視角的調查研究》。

39 〈老大哥懷中的民主〉（La démocratie dans les bras de Big Brother），《世界報》（*Le Monde*），二〇一五年六月六日。

40 發現（La Découverte）出版社，二〇一四年。

41 〈谷歌與超人主義者〉（Google et les transhumanistes），《世界報》，二〇一三年四月十八日。

❹² 〈未來的醫療即是對病人資料的不斷追蹤〉（La médecine du futur, c’est le suivi continu des données du patient），《世界報》，二〇一五年四月二十五日。

❹³ 〈科學正造成災難〉（La science est sur le point d’engendrer une catastrophe），《觀點》，二〇一三年十二月十九日。

❹⁴ 尚—呂克．波赫蓋（Jean-Luc Porquet），《賈克．艾呂勒，（幾乎）說中一切的人》（*Jacques Ellul, l’homme qui avait [presque] tout prévu*），薛賀雪—米迪（Cherche-Midi）出版社，二〇一二年。

❹⁵ 〈科學正造成災難〉，見上文。

❹⁶ 阿里埃勒．基魯（Ariel Kyrou），《谷歌神老大哥並不存在，只是到處都是》（*Google God Big Brother n’existe pas, il est partout*），Inculte出版社，二〇一〇年。

❹⁷ 《人類末路：生物科技革命的結果》（*La Fin de l’homme. Les consequences de la révolution biotechnique*），圓桌（La Table Ronde）出版社，二〇〇二年。

❹⁸ 〈該不該害怕人工智慧〉（Faut-il avoir peur de l’intelligence artificielle），《觀點》，二〇一四年十二月十九日。

49 《世界是封閉的，欲望是無限的》（*Le monde est clos et le désir infini*），阿爾班・米歇勒（Albin Michel）出版社，二〇一五年。

50 《由我們書寫未來》，見上文。

51 〈人類得到哪種智慧？〉（Quelle intelligence pour l'humanité?），《世界報》，二〇一五年四月十三日。

52 推特，二〇一四年八月三日。

53 賀內・福希曼（René Frydman）、穆西埃・傅黎—特黑伏（Muriel Flis-Trèves），《節制與過度……我們可以毫無節制過活嗎？》（*Mesure et démesure... Peut-on vivre sans limites?*），法國大學出版社（PUF），二〇一五年一月。

54 由摩妮卡・阿特朗、羅傑—坡爾・德洛瓦所引用，《人類。改變我們生活的革命：哲學視角的調查研究》，見上文。

55 〈安全感造成更多恐懼而非相反〉（La sécurité engendre plus la peur que l'inverse），《解放報》，二〇一五年九月十五日。

56 《哲學無法造就幸福》，見上文。

57 摩妮卡・阿特朗、羅傑—坡爾・德洛瓦，見上文。

58 哈特慕特・羅沙（Hartmut Rosa），《加速：對現況的社會批判》（*Accélération. Une critique sociale du temps*），發現出版社，二〇一〇年。

59 班・梅茲瑞區（Ben Mezrich），《意料外的富豪》（*The Accidental Billionaires*），雙日（Doubleday）出版社，二〇〇九年。

60 芙拉瑪西翁出版社，二〇一一年。

61 複數（Pluriel）出版社，二〇一二年。

62 奇爾頓（Chilton）圖書公司，一九六七年。

63 〈增進及保護見解與言論自由權問題報告書〉（Rapport sur la promotion et de la protection du droit à la liberté d'opinion et d'expression），聯合國，二〇一五年五月二十二日。

64 〈探索網路隱藏面貌的一種搜尋引擎〉（Un moteur de recherche pour explorer la face cachée du Web），《費加洛報》，二〇一五年三月三十一日。

65 馬當・溫特桑傑（Martin Untersinger），《網際網路中的匿名：保護自己的私生活》（*Anonymat sur Internet. Protéger sa vie privée*），艾侯勒（Eyrolles）出版社，二〇一四年。

國家圖書館出版品預行編目資料

裸人：數位新獨裁的世紀密謀，你選擇自甘為奴，還是突圍而出？／馬克．菅甘（Marc Dugain）、克里斯多夫．拉貝（Christophe Labbé）著；翁德明譯. -- 初版. -- 臺北市：麥田, 城邦文化出版：家庭傳媒城邦分公司發行, 民107.02
面； 公分. --（麥田人文；166）
譯自：L'homme nu : la dictature invisible du numérique
ISBN 978-986-344-526-5（平裝）

1. 網路社會 2. 隱私權

541.415 106023186

麥田人文 166

裸人

數位新獨裁的世紀密謀，你選擇自甘為奴，還是突圍而出？

L'homme nu : la dictature invisible du numérique

作　　者／馬克．菅甘（Marc Dugain）、克里斯多夫．拉貝（Christophe Labbé）
譯　　者／翁德明
責任編輯／江灝
校　　對／吳美滿
主　　編／林怡君

國際版權／吳玲緯　蔡傳宜
行　　銷／艾青荷　蘇莞婷　黃家瑜
業　　務／李再星　陳美燕　枻幸君
編輯總監／劉麗真
總 經 理／陳逸瑛
發 行 人／凃玉雲
出　　版／麥田出版
10483臺北市民生東路二段141號5樓
電話：(886)2-2500-7696　傳真：(886)2-2500-1967
發　　行／英屬蓋曼群島商家庭傳媒股份有限公司城邦分公司
10483臺北市民生東路二段141號11樓
客服服務專線：(886) 2-2500-7718、2500-7719
24小時傳真服務：(886) 2-2500-1990、2500-1991
服務時間：週一至週五09:30-12:00．13:30-17:00
郵撥帳號：19863813　戶名：書虫股份有限公司
讀者服務信箱E-mail：service@readingclub.com.tw
麥田網址／https://www.facebook.com/RyeField.Cite/
香港發行所／城邦（香港）出版集團有限公司
香港灣仔駱克道193號東超商業中心1樓
電話：(852)2508-6231　傳真：(852)2578-9337
E-mail：hkcite@biznetvigator.com
馬新發行所／城邦（馬新）出版集團【Cite(M) Sdn. Bhd. (458372U)】
41, Jalan Radin Anum, Bandar Baru Sri Petaling, 57000 Kuala Lumpur, Malaysia.
電話：(603)9057-8822　傳真：(603)9057-6622
電郵：cite@cite.com.my

封面設計／賴佳韋
印　　刷／前進彩藝有限公司

■2018年2月　初版一刷　Printed in Taiwan.

定價：350元

ISBN 978-986-344-526-5

讀者回函卡

cite城邦媒體

※為提供訂購、行銷、客戶管理或其他合於營業登記項目或章程所定業務需要之目的，家庭傳媒集團（即英屬蓋曼群島商家庭傳媒股份有限公司城邦分公司、城邦文化事業股份有限公司、書虫股份有限公司、墨刻出版股份有限公司、城邦原創股份有限公司），於本集團之營運期間及地區內，將以e-mail、傳真、電話、簡訊、郵寄或其他公告方式利用您提供之資料（資料類別：C001、C002、C003、C011等）。利用對象除本集團外，亦可能包括相關服務的協力機構。如您有依個資法第三條或其他需服務之處，得致電本公司客服中心電話請求協助。相關資料如為非必填項目，不提供亦不影響您的權益。

□ 請勾選：本人已詳閱上述注意事項，並同意麥田出版使用所填資料於限定用途。

姓名：__________ 聯絡電話：__________

聯絡地址：□□□□□__________

電子信箱：__________

身分證字號：__________（此即您的讀者編號）

生日：____年____月____日 性別：□男 □女 □其他__________

職業：□軍警 □公教 □學生 □傳播業 □製造業 □金融業 □資訊業 □銷售業

□其他__________

教育程度：□碩士及以上 □大學 □專科 □高中 □國中及以下

購買方式：□書店 □郵購 □其他__________

喜歡閱讀的種類：（可複選）

□文學 □商業 □軍事 □歷史 □旅遊 □藝術 □科學 □推理 □傳記 □生活、勵志

□教育、心理 □其他__________

您從何處得知本書的消息？（可複選）

□書店 □報章雜誌 □網路 □廣播 □電視 □書訊 □親友 □其他__________

本書優點：（可複選）

□內容符合期待 □文筆流暢 □具實用性 □版面、圖片、字體安排適當

□其他__________

本書缺點：（可複選）

□內容不符合期待 □文筆欠佳 □內容保守 □版面、圖片、字體安排不易閱讀 □價格偏高

□其他__________

您對我們的建議：__________

____